초판 3쇄 발행 2024년 07월 05일

글 · 손승휘 **그림** · 박영원 **감수** · 임신재
편집 · 정지현 **디자인** · 김진영, 윤인희
펴낸곳 · 이룸아이 **펴낸이** · 송수정
주소 · 경기도 광명시 일직로 43, B동 1305호
전화 · 02-373-0120 **팩스** · 02-373-0121
등록 · 2015.10.08.(제2015-000315호)
ISBN 979-11-88617-26-5 | 979-11-88617-22-7(세트)
홈페이지 · www.eribook.com

GUESS?
누구일까요?

가장 멋지게 생긴 곤충이에요!

④ 곤충백과

머리말

감수자의 글

우리는 주변에서 많은 곤충을 쉽게 볼 수 있습니다. 흔히 '벌레'라고 부르면서 징그러워하거나 무서워하는 경우가 많지요. 지구상에는 우리가 알고 있는 것보다 훨씬 많은 종류의 곤충이 살고 있어요. 동물이나 식물보다도 그 종류가 훨씬 많지요. 이렇다 보니 곤충은 많은 동물의 먹잇감으로서 건전한 생태계를 이루는 매우 중요한 위치를 차지하고 있습니다.

요즘에는 곤충의 모양이나 움직임, 생태 등을 연구하는 학자들이 많아졌습니다. 곤충 연구를 통해서 과학을 발전시키기도 하고, 더불어 곤충의 움직임이나 생김새 등을 응용하여 새로운 물건을 만들어 우리의 생활을 더욱 편리하고 안전하게 가꾸기도 하지요. 앞으로도 곤충에 대한 관심과 연구는 계속 늘어날 것입니다.

『곤충 백과』에는 곤충에 관한 이야기들이 아주 재미있게 쓰여 있습니다. 이 책을 통해서 곤충은 무섭고 징그러운 존재가 아니라, 우리와 함께 더불어 살아가는 자연의 한 부분임을 이해하는 기회가 되었으면 합니다.

임신재

작가의 글

　지구상에서 가장 오래된 동물은 누구일까요? 종류와 그 수가 가장 많은 동물을 알고 있나요? 바로 곤충이랍니다. 화석의 나이를 측정해 보면 곤충은 무려 4억 년 전부터 지구상에 살아왔다고 해요. 우리가 지금 흔히 볼 수 있는 잠자리의 조상도 3억 년 전에 이미 살고 있었다고 하니 정말 놀랍지 않나요? 게다가 곤충은 사는 장소도 무척 넓어서 사람이나 다른 동물이 살기 어려운 물 없는 사막이나 매우 추운 산꼭대기, 밀림 한가운데서도 어김없이 살고 있답니다. 그뿐 아니라 우리들이 사는 집 안 구석구석에서도 살아가고 있지요. 그러고 보면 이 지구의 주인은 사람이 아닌 곤충일지도 몰라요.

　『곤충 백과』에는 수많은 곤충 가운데 우리 주변에서 흔히 볼 수 있고, 여러분이 좋아하는 대표적인 곤충들로 모아 보았어요. 나비와 잠자리, 장수하늘소, 매미 등 정말 재미있고 신기한 곤충들의 모습과 생활을 함께 알아보아요.

손승휘

퀴즈 풀면서 재미있게 배우는 신개념 백과사전

관찰하여 무엇일지 **유추**하고
개념지도를 그리며
새로운 것을 **창조**해 내는
신개념 학습 백과!

차례

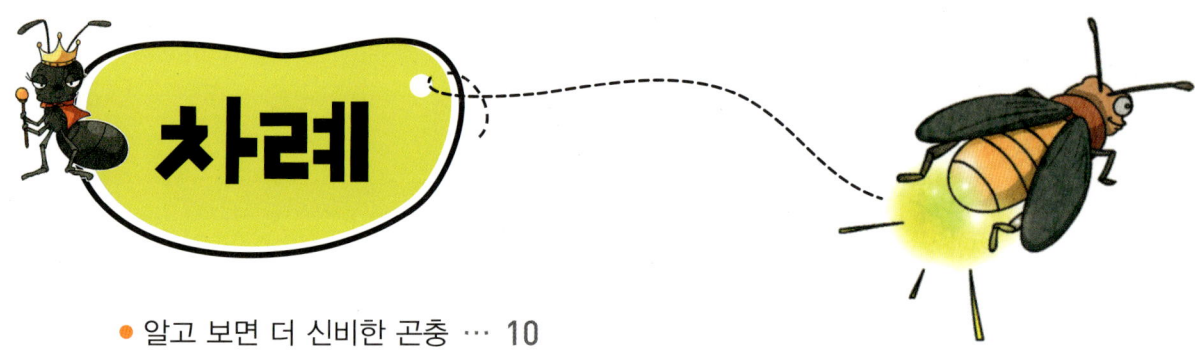

- 알고 보면 더 신비한 곤충 … 10
- 이렇게 분류했어요 … 12

01 모기 한여름 밤의 불청객 … 13
02 매미 맴맴 한여름 짝 찾는 노래 … 19
03 파리 더러운 데 앉아 앞발을 싹싹 … 25
04 하루살이 하루만 살아서 붙여진 이름 … 31
05 장수풍뎅이 수컷 머리에 멋진 뿔 … 37
06 대벌레 나뭇가지랑 똑같아 … 43
07 사슴벌레 사슴뿔 닮은 커다란 턱 … 49
08 개미 협동심으로 맡은 일을 척척 … 55
09 딱정벌레 딱딱한 껍질 날개 … 61
10 노린재 고약한 노린 냄새가 풀풀 … 67
11 귀뚜라미 가을밤의 음악가 … 73
12 소금쟁이 물 위를 미끄럼 타듯 둥둥 … 79
13 바퀴벌레 끈질긴 생명력과 번식력 … 85
14 물자라 알을 업고 다니는 수컷 … 91
15 이 기생해 사는 흡혈 곤충 … 97
16 집게벌레 집게처럼 생긴 꼬리 … 103
17 메뚜기 들판의 높이뛰기 선수 … 109
18 등에 파리야, 벌이야? … 115
19 하늘소 소를 닮아서 붙여진 이름 … 121
20 길앞잡이 길 앞에서 안내하는 것 같아 … 127

21 물방개 물에서 첨벙첨벙 수영선수 ···· 133
22 반딧불이 반짝이는 불빛은 사랑의 신호 ···· 139
23 나비 나풀나풀 아름다운 날개 ···· 145
24 나방 깜깜한 밤 달빛 바라기 ···· 151
25 여치 여름 풀밭의 연주자 ···· 157
26 무당벌레 알록달록 화려한 점무늬 날개 ···· 163
27 누에나방 명주실 뽑아내는 애벌레 ···· 169
28 사마귀 곤충 나라의 무서운 사냥꾼 ···· 175
29 호리병벌 흙집 짓는 최고의 건축가 ···· 181
30 잠자리 멋진 그물 날개의 비행사 ···· 187

31 꿀벌 달콤한 꿀을 찾아 붕붕 ···· 193
32 소똥구리 똥이 좋아 똥을 굴려 ···· 199
33 장수말벌 가장 크고 힘센 벌 ···· 205
34 땅강아지 땅파기 선수 ···· 211
35 방아깨비 방아처럼 위아래로 끄덕끄덕 ···· 217
36 거미 얼기설기 그물 치기 선수 ···· 223
37 타란툴라 세계에서 가장 큰 거미류 ···· 229
38 진드기 눈에 보이지 않는 흡혈귀 ···· 235
39 노래기 셀 수 없이 많은 다리 ···· 241
40 전갈 꼬리 끝에 무서운 독침 ···· 247

- 누가 최고일까? ···· 254
- 곤충이 사는 곳과 화석 ···· 256
- 한눈에 보는 곤충 ···· 258
- 찾아보기 ···· 260

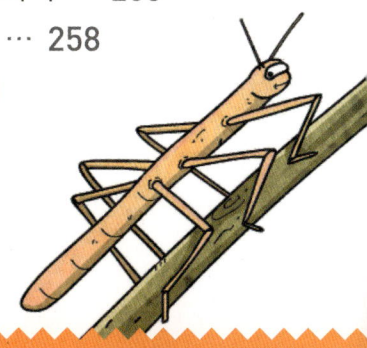

곤충의 조건
이래야만 곤충!

01. 몸통이 머리, 가슴, 배로 나뉘어요.

모든 곤충은 몸통이 머리, 가슴, 배로 이루어져 있어요. 이 중 어느 한 부분이라도 없으면 곤충이 아니랍니다.

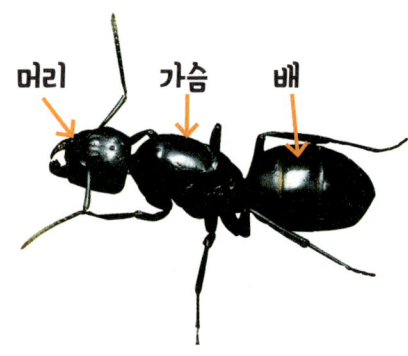

02. 머리에 홑눈과 겹눈이 있어요.

곤충이라면 꼭 홑눈과 겹눈이 있어야 한답니다. 진드기는 한두 개의 홑눈만 있고 겹눈이 없어요. 그래서 곤충에 속하지 않지요.

03. 한 쌍의 더듬이가 있어요.

메뚜기, 귀뚜라미, 사마귀 등 곤충은 모두 더듬이가 있어요. 거미는 더듬이가 없으니까 곤충에 속하지 않는답니다.

04. 다리가 세 쌍이에요.

곤충에 속하려면 다리가 세 쌍이어야만 해요. 한편, 지네과에 속하는 동물들을 살펴보면 다리가 무척 많아요. 노래기는 다리가 무려 200개!

세 쌍

05. 완전변태나 불완전변태를 해요.

알
암컷이 낳아요. 알을 깨고 애벌레가 나오지요.

애벌레
유충(어린 벌레)이라고도 해요.

번데기
애벌레가 성충이 되기 전에 거치는 과정이에요.

성충
다 자라서 어른이 된 곤충이에요.

위 과정 중에서 번데기 과정이 없으면 불완전변태*랍니다.   *변태 : 애벌레가 자라서 성충이 되는 과정.

곤충이 아니야!

거미

흔히 곤충이라고 부르지만 실은 곤충이 아닌 벌레들도 많아요. 거미는 얼핏 보면 곤충 같지만 머리와 가슴이 하나로 붙어 있고, 다리도 네 쌍이어서 곤충에 속하지 않아요. 또 더듬이도 없지요.
곤충의 조건을 갖추지 못했다면 아무리 곤충처럼 생긴 동물이라도 곤충이 아니랍니다.

이 책에 실린 40가지 절지동물은 내용 구분을 위해 다음과 같이 3가지로 분류했습니다.

완전변태(갖춘탈바꿈)를 하는 곤충

모기 / 파리 / 장수풍뎅이 / 사슴벌레 / 개미 / 딱정벌레
등에 / 하늘소 / 길앞잡이 / 물방개 / 반딧불이 / 나비
나방 / 무당벌레 / 누에나방 / 호리병벌
꿀벌 / 소똥구리 / 장수말벌

불완전변태(안갖춘탈바꿈)를 하는 곤충

매미 / 하루살이 / 대벌레 / 노린재 / 귀뚜라미
소금쟁이 / 바퀴벌레 / 물자라 / 이 / 집게벌레
메뚜기 / 여치 / 사마귀 / 잠자리
땅강아지 / 방아깨비

곤충이 아닌 비슷한 벌레

거미 / 타란툴라 / 진드기 / 노래기 / 전갈

GUESS 01 누구일까요?

첫 번째 힌트	★ 날아다녀요.
두 번째 힌트	★ 지저분한 **물** 주변을 좋아해요.
세 번째 힌트	★ 주로 따뜻한 **여름에 활동**해요.
네 번째 힌트	★ 앵앵! 소리 내며 **밤에** 다녀요.
다섯 번째 힌트	★ 피를 빨아 먹어요.

결정적 힌트 "물리면 가려워요."

Mosquito

모기

- 사는 곳 : 집과 수풀 속
- 분　류 : 절지동물문 곤충강 파리목 모기과
- 먹　이 : 채소나 과일즙, 동물의 피

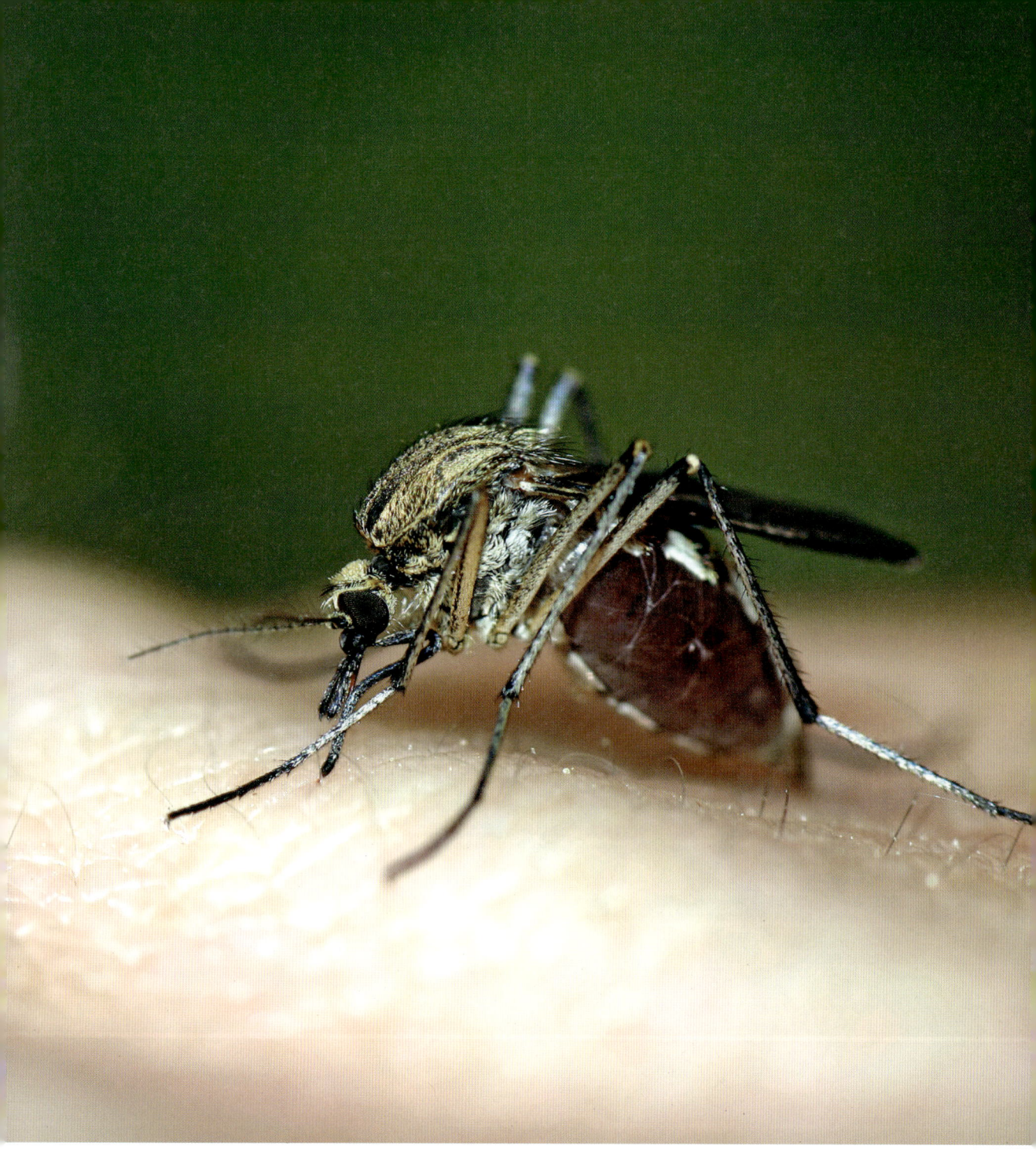

모기

한여름 밤의 불청객
모기

여름 하면 떠오르는 곤충! 모기일 거예요.

모기는 그리 낯설지 않은 곤충이에요. 하지만 우리가 아는 곤충 중에 가장 얄밉고 귀찮은 곤충이지요.

모기는 보통 날이 따뜻해지는 6월에 나타나서 9월까지 많이 날아다녀요. 그러나 한여름이 아니어도 공기가 따뜻한 곳이나 지저분한 물 주변에서는 언제든지 나타날 수 있어요. 야행성 곤충이기 때문에 주로 밤에만 활동한답니다.

모기는 주로 과일즙을 먹고 살지만, 사람이나 동물의 피를 빨아 먹기도 해요. 이렇게 우리에게 달라붙어 피를 빨아 먹는 모기는 모두 암컷이에요. 암컷은 알을 키워야 하기 때문에 단백질을 섭취하려고 사람이나 동물의 피를 빨아 먹는 거랍니다.

모기에게 물리면 왜 가렵지?

모기는 다른 동물의 피를 빨아 먹을 때, 잘 빨 수 있도록 **피가 굳지 않게 하는 물질**을 넣어요.

우리 몸은 낯선 물질의 침입을 받으면 **히스타민**이라는 호르몬을 분비해서 싸우는데, 모기에게 물렸을 때도 마찬가지예요. 우리 몸 안에서 모기가 넣은 물질과 히스타민이 싸우느라 가려움을 느끼는 거랍니다.

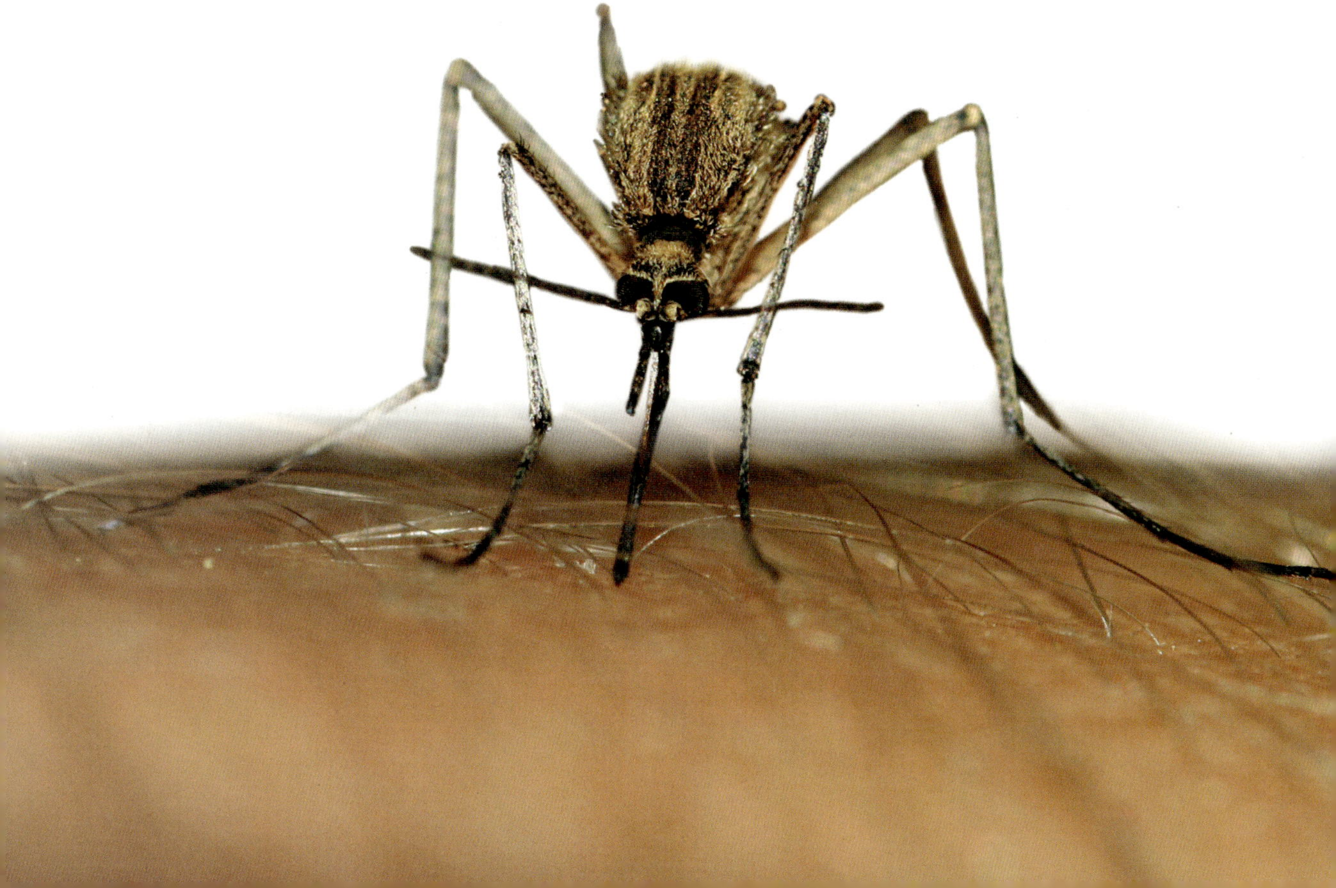

모기는 어디에서 태어날까?

모기는 주로 하수구나 연못 등의 고인 물에 알을 낳아요. 한 번에 300~400개나 되는 알을 낳지요. 이 알에서 모기의 애벌레인 장구벌레가 태어나서 어느 정도 살다가 번데기가 되고, 번데기가 허물을 벗으면 모기가 되는 거랍니다.

모기가 옮기는 전염병

모기는 우리에게 뇌염, 말라리아 등의 질병을 옮기기도 해요. 특히 몸이 약한 어린이나 노인들은 뇌염모기를 조심해야 해요. 예방주사를 맞고, 모기에게 물리지 않도록 주의해야 한답니다.

간지러워!

모기는 여러 개의 침을 가지고 있어요. 왜일까요?

01 하는 일이 달라서

02 한꺼번에 많이 빨려고

03 번갈아 가며 쓰려고

04 일회용이어서

생각 키우기

모기는 **피부를 뚫는 침, 피부를 찢는 침**, 아픔을 느끼지 못하도록 마취하는 물질과 피가 굳지 않게 하는 **물질을 집어넣는 침** 등 여러 개의 침을 가지고 있어요. 피를 빨아들이는 대롱은 하나지만 다른 여러 개의 침이 있어야만 비로소 피를 빨아 먹을 수 있답니다.

GUESS 02

누구일까요?

첫 번째 힌트	★ 날아다녀요.
두 번째 힌트	★ 나무즙을 먹어요.
세 번째 힌트	★ 나무에 알을 낳아요.
네 번째 힌트	★ 땅속에서 굼벵이로 5년을 지내요.
다섯 번째 힌트	★ 여름에 쩌렁쩌렁 울어요.

 결정적 힌트 "맴맴! 수컷이 짝을 찾아요."

Cicada

매 ▽ ㅁ ㅁ

- 사는 곳 : 땅속과 나무
- 분　류 : 절지동물문 곤충강 매미목 매미과
- 먹　이 : 나무즙

매 미

맴맴 한여름 짝 찾는 노래
매미

무더운 한여름이 되면 어디선가 "맴맴" 하고 더위를 식혀 주는 울음소리가 들려요. 매미가 짝을 찾아 우는 소리랍니다. 슬퍼서 우는 게 아니라 **수컷이 짝을 찾으려고** 우는 거예요.

큰 소리로 울어 대니 목이 아플 것 같다고요? 전혀 아프지 않아요. 매미는 목으로 울지 않거든요. **발음기**라고 불리는 배 아래쪽의 근육을 이용해서 운답니다.

매미가 세상에 태어나서 멋진 노래로 짝을 찾기까지는 정말 많은 인내심이 필요해요.

매미는 **나무에서 태어나** 춥고 긴 겨울을 지내야 해요. 그러고 나서 봄이 되면 어두운 **땅속으로 내려간**답니다. 그곳에서 **무려 5년 동안**이나 살아야 하지요. 그런 후에 땅 위로 올라오면 드디어 몸 빛깔이 하얀 **아기 매미**가 되는 거랍니다.

우리는 매미의 허물이라네~♪

매미의 일생

매미는 나무 틈에 알을 낳아요. 매미는 **알 상태로 겨울을 난** 다음, 알을 깨고 나와 땅속으로 들어가요. 땅속에서 나무뿌리의 즙을 먹으면서 **짧게는 2년, 길게는 10년이나 애벌레**로 살아요. 그리고 나서 땅 위로 올라와 **5번 정도 허물을 벗은 후**에야 하얀색의 아기 매미가 되는 거예요. 그 후, 서서히 날개와 몸이 검은색이나 파란색, 혹은 주황색으로 물들면서 어른 매미, 즉 **성충**이 되지요.

이렇게 긴 시간을 거쳐 어른 매미가 되고 나면 **약 1개월 동안 살아**요. 그동안 짝짓기도 하고 알을 낳은 뒤 짧은 생을 마감한답니다.

●매미의 변태

❶ 나무 틈에 낳은 알 ❷ 나무에 기어오르는 애벌레 ❸ 우화*하는 모습 ❹ 완전히 탈피*한 성충

* **우화** : 곤충이 유충(애벌레) 또는 번데기 등에서 탈피하여 성충이 되는 것.
* **탈피** : 껍질이나 허물을 벗는 것.

암컷 매미는 울지 않아!

우리가 듣는 매미 울음소리는 모두 수컷 매미가 내는 소리예요. 수컷 매미는 짝짓기를 할 때가 되면 **배 안에 있는 V자 모양의 근육**을 움직여요. 이것을 '발음기'라고 해요. 이 근육이 등판 안쪽에 있는 진동판을 빠르게 진동시켜 소리가 난답니다. 이 소리가 매미 배 안쪽의 빈 공간에서 울려 퍼지면서 몸 크기에 어울리지 않는 큰 울음소리가 되어 우리가 듣게 되는 거예요.

수컷 매미는 도시에서 더 크게 울어요. 도시는 시골보다 시끄러워서 작게 울면 암컷 매미가 듣지 못하기 때문이지요.

곤충학자 파브르는 매미가 소리를 듣지 못한다는 것을 어떻게 알아냈을까요

01 귀가 없는 것이 보여서

02 직접 해부해 보고

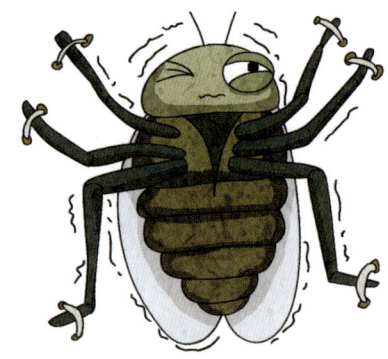

03 확성기로 자극해서

04 대포로 자극해서

생각 키우기

파브르는 **매미 바로 옆에서 대포를 쏘았는데도 매미가 전혀 반응하지 않자,** 매미가 소리를 잘 듣지 못하는 곤충이라는 것을 발견했대요. 하지만 매미가 소리를 전혀 못 듣는 것은 아니랍니다. 자기 동료가 우는 소리의 크기에만 민감하게 반응하기 때문에 너무 크거나 작은 소리, 혹은 높거나 낮은 소리는 듣지 못하는 거지요.

정답 ❹

GUESS 03

누구일까요?

첫 번째 힌트	★ 날아다녀요.
두 번째 힌트	★ 더운 여름에 활발하게 활동해요.
세 번째 힌트	★ 주로 낮에 활동해요.
네 번째 힌트	★ 나쁜 병을 옮겨요.
다섯 번째 힌트	★ 더러운 쓰레기를 좋아해요.

결정적 힌트 "틈만 나면 앞발을 비벼요."

Fly

파

↓

ㅍ ㄹ

- 사는 곳 : 모든 곳
- 분   류 : 절지동물문 곤충강 파리목
- 먹   이 : 부패한 음식이나 동물의 똥

파 리

더러운 데 앉아 앞발을 싹싹
파리

날이 따뜻해지는 봄부터 늦가을까지, 여러분은 파리라는 곤충을 주변에서 쉽게 볼 수 있지요?

파리는 주로 더럽고 지저분한 곳에 많이 있어요. 더러운 쓰레기통을 뒤지고, 동물의 똥이나 썩은 음식물 등을 즐겨 먹기 때문이에요. 그러고는 우리가 사용하는 그릇이나 수저, 혹은 우리 피부 위에 앉지요. 그 과정에서 우리 몸에 세균을 퍼뜨려 전염병을 일으키는 해로운 곤충이에요.

파리는 주로 동물의 사체나 똥 위에 알을 낳아요. 그 알에서 나온 구더기*는 썩어서 흐물흐물해진 양분을 먹으면서 자라다가, 약 일주일이 지나면 땅속으로 들어가 번데기가 되지요. 그 후 번데기가 허물을 벗고 나오면 파리가 된답니다. 아프리카에 사는 체체파리는 덩치 큰 소나 사람까지도 죽일 수 있을 정도라고 해요.

* **구더기** : 파리의 애벌레.

파리는 해충?

파리는 콜레라, 장티푸스, 파라티푸스, 결핵, 한센병 등 수많은 전염병을 퍼뜨려요. 정말 위험하고 얄미운 곤충이지요.

게다가 음식 냄새만 맡으면 어느새 날아와 달라붙어요. 신호를 보내 자기 동료까지 다 불러 모아서 말이에요. 파리를 막으려면 청결, 또 청결! 우리 주변을 깨끗하게 하는 수밖에 없답니다.

파리는 어떻게 음식을 먹을까?

파리나 구더기는 음식물을 뜯어 먹지 않아요. 위액을 토해 내서 음식물을 녹인 다음 핥아서 먹어 치우는 거예요. 참 신기한 녀석이죠?

구더기로 치료를 했다고?

항생제가 없던 옛날, 한참 전쟁 중이던 영국군의 병사에게 상처가 심하게 났는데, 글쎄 구더기가 바글바글 생겼대요. 썩은 곳을 좋아하는 파리가 상처 위에 알을 낳은 거지요. 그런데 곧 상처가 깨끗이 나았다지 뭐예요? **구더기들이 썩은 부위를 말끔히 먹어 치운 덕분**이었어요. 이 모습을 본 후로 의사들은 상처를 치료하는 데 구더기를 이용하기도 했어요. 파리는 해로운 곤충이지만, 구더기일 때는 사람에게 도움을 주기도 한답니다.

파리가 양다리를 싹싹 비비는 이유는 무엇일까요?

01 나쁜 짓을 용서받으려고

02 나쁜 짓을 하기 위한 준비운동으로

03 끈끈이 액체를 모으려고

04 발을 깨끗하게 하려고

생각 키우기

파리의 다리에서는 어디에나 착착 달라붙기 좋게 해 주는 끈끈이 액체가 나와요. 이 액체에 음식 찌꺼기가 자꾸 달라붙으니까 털어 내려고 비비는 것이죠. 즉 **앞발에 있는 빨판을 깨끗이 청소하는 것**이랍니다. 사람한테는 지저분한 세균을 옮기면서 자기만 깨끗해지려 들다니! 참 얄미운 곤충이지요?

GUESS 04

누구일까요?

첫 번째 힌트	★ **날아**다녀요.
두 번째 힌트	★ **1년 정도 애벌레**로 살아요.
세 번째 힌트	★ 먹지 않아 **입이 퇴화**했어요.
네 번째 힌트	★ 수컷은 **짝짓기가 끝나자마자 죽어**요.
다섯 번째 힌트	★ 암컷은 **알을 낳고 바로 죽어**요.

 **결정적 힌트** "하루만 산다고 붙여진 이름"

Mayfly

하 → ㅎㄹㅅㅇ

- 사는 곳 : 숲이나 강가
- 분   류 : 절지동물문 곤충강 하루살이목
- 먹   이 : 물이끼

하루살이

하루만 살아서 붙여진 이름
하루살이

　날씨가 조금만 따뜻해지면 들판이나 강가에서 떼로 몰려다니며 우리 친구들에게 달려드는 하루살이들을 본 적이 있지요?

　이름이 하루살이라고 해서 하루만 사는 건 아니랍니다. 땅 위에서 날아다니는 기간이 하루라는 것이지요.

　땅 위에서 살기 전에는, 짧게는 6개월, 길게는 2년 동안 물속에서 살아요. 물론 애벌레 상태로 사는 거지요. 그러다가 어른이 되어서 날개가 생기면 땅 위로 올라와서 하루나 이틀 정도를 산다고 해요.

　즉, 하루살이는 애벌레로 물속에서 오랫동안 살다가 죽기 직전에 짝짓기를 하려고 나오는 거예요. 짝짓기를 마치고 알을 낳으면 곧바로 죽기 때문에 먹지도 자지도 않는답니다.

입 따위 필요 없어!

하루살이는 입이 없다고?

　다 자라서 어른이 된 하루살이는 입이 없어요. 그래서 먹이도 먹을 수 없고, 오래 살 수도 없지요.

　하루살이는 살아 있는 동안 오로지 날아다니면서 짝을 찾고 **짝짓기 하기에 바쁘답니다**. 먹은 것이 없으니 힘도 없을 텐데 어떻게 짝짓기를 하느냐고요? 걱정 마세요. 하루살이는 성충이 되어서 날아오를 때, 이미 살아 있는 동안 마음껏 쓸 영양분을 몸 안에 저장하고 날아오르니까요.

하루살이는 알을 얼마나 낳을까?

하루살이는 한 번에 **무려 4,000개의 알**을 낳아요. 그 작은 몸에 알 4,000개가 어떻게 들어 있느냐고요? 하루살이는 **온몸이 알로 가득 차** 있답니다. 임신을 하면 눈만 빼고 전부 알이라고 하니 그야말로 알 덩어리가 되는 거예요. 그 많은 알이 다 하루살이가 된다면 이 세상은 하루살이 천지가 되겠지요? 하지만 하루살이의 알은 대부분 물고기나 물에 사는 작은 동물들의 먹이가 되고 **실제로 성충이 되는 수는 적답니다.**

하루살이가 입이 없는 이유는 무엇일까요?

01 잘못 태어나서

02 음식을 싫어해서

03 병에 걸릴까 봐

04 필요 없어서

생각 키우기

하루살이는 살아 있는 시간이 너무 짧아서 그사이에 다른 일을 할 수 없어요. 오로지 짝짓기로 자손을 퍼뜨리기에도 바쁜 곤충이지요. 그러니까 **먹지도 자지도 일하지도 않고 오로지 짝을 찾아다니는** 거예요. 그래서 하루살이에게 입은 필요 없답니다.

정답 ❹

GUESS 05 누구일까요?

첫 번째 힌트	★ 나무즙을 먹고 살아요.
두 번째 힌트	★ 씨름을 좋아해요.
세 번째 힌트	★ 몸통이 굵고 **힘이 아주 세요.**
네 번째 힌트	★ '투구벌레'라고도 해요.
다섯 번째 힌트	★ 수컷에게는 멋진 뿔이 있어요.

결정적 힌트 "갑옷 입은 장수 같아요."

Rhinoceros beetle

장

ㅈ ㅅ ㅍ ㄷ ㅇ

- 사는 곳 : 나뭇가지나 나무둥치
- 분　류 : 절지동물문 곤충강 딱정벌레목 풍뎅이상과
- 먹　이 : 나무즙이나 나뭇잎

장수풍뎅이

수컷 머리에 멋진 뿔
장수풍뎅이

　이 세상에서 **가장 멋지게 생긴 곤충**을 꼽아 보라고 하면 아마 많은 친구가 장수풍뎅이를 꼽을 거예요. 크고 멋진 투구*를 쓴 듯한 머리에는 위아래로 **뿔**이 돋아 있고, 온몸에는 윤기가 흐르는 초콜릿색의 **갑옷**을 입은 멋쟁이 곤충이지요.

　수컷과 암컷을 구분하는 것은 어렵지 않아요. 수컷은 멋진 뿔이 있고, 갑옷의 광택도 암컷보다 반짝거려서 장수풍뎅이를 처음 본 친구도 수컷과 암컷을 쉽게 구분할 수 있답니다.

　장수풍뎅이는 모습만 용맹하게 생긴 게 아니라 실제로 힘도 아주 세요. 어느 정도냐고요? **자기 몸무게의 50배**가 넘는 물건도 거뜬히 들거나 끌어당길 수 있을 정도랍니다.

---

* **투구** : 예전에 군인이 전쟁터에서 머리를 보호하려고 쓰던 쇠로 만든 모자.

장수풍뎅이

어머! 나 때문에 싸우는 거야?

수컷은 싸움꾼?

　수컷 장수풍뎅이는 **싸움을 아주 잘해**요. 자기보다 덩치가 큰 다른 풍뎅이과의 곤충들도 싸워서 이길 정도지요. 수컷 장수풍뎅이가 커다란 뿔을 들이대며 싸우는 모습은 마치 용맹스러운 장수 같아요. 종종 수컷과 암컷이 싸우는 듯 보일 때가 있는데, 이는 주로 짝짓기를 하려고 수컷이 암컷을 따라다니는 거랍니다.

으라차차!

● 장수풍뎅이의 변태

❶ 톱밥 속 장수풍뎅이의 알
❷ 번데기가 될 준비를 하는 애벌레
❸ 번데기 상태로 20여 일을 지냄.
❹ 완전히 탈피한 성충

어? 어??

장수풍뎅이의 일생!

장수풍뎅이는 애벌레 상태로 약 10개월 동안 살다가, 번데기로 약 3주를 지내고 나서 성충이 된답니다. 성충이 되고 나면 불과 1~3개월 정도밖에 살지 못해요.

장수풍뎅이는 흙 속이나 나뭇잎 더미 아래에 알을 낳는대요. 그 이유는 무엇일까요?

01 더러운 곳을 좋아해서

02 어두운 곳을 좋아해서

03 부끄러움을 많이 타서

04 거기에 먹을 것이 많아서

생각 키우기

장수풍뎅이는 주로 흙 속이나 두엄* 아래, 또는 나뭇잎이 쌓인 곳 아래에 알을 낳는답니다. 그 이유는 **알에서 깨어난 애벌레가 영양이 풍부한 장소에서 자라게 하려는 것**이지요. 그래서 장수풍뎅이가 힘도 세고 튼튼한 게 아닐까요?

* **두엄** : 풀이나 가축의 배설물 따위를 썩혀서 만든 거름.

정답 **4**

GUESS 06

첫 번째 힌트	★ 나무나 풀에서 생활해요.
두 번째 힌트	★ 짝짓기를 하지 않고도 알을 낳아요.
세 번째 힌트	★ 위험하면 자기 다리를 끊고 달아나요.
네 번째 힌트	★ 죽은 척 잘하기로 유명해요.
다섯 번째 힌트	★ 나뭇가지처럼 생겼어요.

결정적 힌트: "대나무 닮은 벌레"

Stick insect

대 → 대벌레

- 사는 곳 : 숲속의 나무나 풀
- 분　류 : 절지동물문 곤충강 대벌레목 대벌레과
- 먹　이 : 나뭇잎

대벌레

나뭇가지랑 똑같아
대벌레

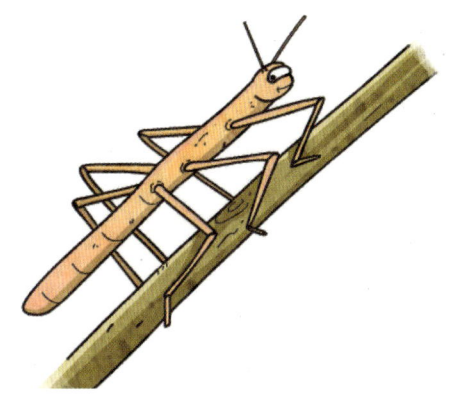

혹시 숲속에서 나뭇가지인 줄 알고 무심결에 만졌다가 움직이는 바람에 깜짝 놀란 적이 있나요?

나뭇가지가 아니라 나뭇가지를 똑 닮은 대벌레를 만진 거랍니다. 대벌레는 눈속임의 천재예요. 생긴 것도 나뭇가지처럼 생긴 데다가, 주변의 나뭇가지 색과 비슷하게 몸 색깔을 맞추거든요. 대벌레의 천적인 새나 커다란 육식 곤충들도 깜박 속아 그냥 지나치곤 하지요.

또 대벌레는 도마뱀이 천적에게 공격을 당하면 꼬리를 끊고 달아나듯이 자기 다리를 끊고 달아나는 신기한 곤충이랍니다.

낮에는 천적을 피해 나뭇가지처럼 죽은 듯 움직이지 않다가, 밤이 되면 슬슬 움직이면서 나뭇잎을 먹지요.

대벌레

혼자서도 알을 낳을 수 있다고?

대벌레는 암컷 혼자서도 알을 낳을 수 있어요. 이런 특징을 **처녀 생식**이라고 한답니다. 그래서인지 대벌레는 수컷이 잘 발견되지 않아요. 긴수염대벌레의 암수가 짝짓기하는 모습이 발견되기도 했지만, 다른 종류의 대벌레 중에서는 수컷을 발견하기 어렵지요.

입맛이 까다로워!

대벌레는 밤이 되길 기다렸다가 슬슬 나뭇잎을 먹기 시작해요. 그런데 **꼭 자기가 먹던 나뭇잎만** 먹는 까다로운 식성을 가지고 있대요. 그래서 굳이 다른 먹이를 찾아 멀리 이동하지는 않는답니다.

가랑잎*벌레

대벌레 중에 가랑잎벌레라는 종류가 있어요. 가랑잎과 같은 모양으로 넓적하게 진화한 곤충이지요. 나뭇잎과 정말 똑같이 생겨서 나뭇잎 사이에 앉아 있으면 도저히 구분하기 어려울 정도랍니다.

* **가랑잎** : 활엽수(잎이 넓은 나무의 종류)의 잎이 마른 것.

대벌레는 몸을 시계추처럼 흔들곤 해요.
왜 그러는 걸까요?

01 심심해서

"심심하니까 그네 타야지."

02 힘들어서

"아이고~ 관절이야…"

03 운동하려고

"하나 둘! 하나 둘!"

04 눈속임하려고

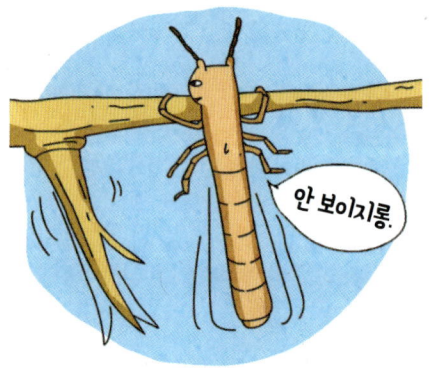

"안 보이지롱."

생각 키우기

대벌레는 마치 바람에 나뭇가지가 흔들리듯 몸을 흔드는 버릇이 있어요. 그 이유는 **천적을 철저하게 속이기 위함**이에요. 바람은 부는데 나뭇가지가 흔들리지 않으면 이상하니까 일부러 나뭇가지처럼 몸을 흔드는 거랍니다. 정말 약아빠진 녀석이지요?

정답 ❹

GUESS 07

누구일까요?

첫 번째 힌트	★ 나무즙을 먹으며 살아요.
두 번째 힌트	★ 밤에 활동해요.
세 번째 힌트	★ 단단한 딱지날개가 있어요.
네 번째 힌트	★ 이마의 방패는 머리를 보호해요.
다섯 번째 힌트	★ 집게처럼 생긴 턱이 있어요.

결정적 힌트 "사슴처럼 뿔이 멋있죠!"

Stag beetle

사 → ㅅㅅㅂㄹ

- 사는 곳 : 숲속
- 분 류 : 절지동물문 곤충강 딱정벌레목 사슴벌레과
- 먹 이 : 나무즙이나 썩은 나무

49

사슴벌레

사슴벌레

이름이 왜 사슴벌레일까요?

사슴벌레는 머리 부분에 기다랗고 멋진 집게가 있어요. 이 집게가 꼭 사슴뿔처럼 생겼다고 해서 사람들이 '사슴벌레'라고 부르는 거랍니다.

사슴벌레의 집게는 사실 뿔이 아니라 아래턱이에요. 이 아래턱이 사슴벌레의 몸집에 비해 너무 커서 불편해 보이겠지만, 적과 싸울 때는 아주 쓸모 있는 무기가 된답니다. 사슴벌레가 맛있게 나무즙을 먹고 있을 때 누가 방해라도 하면, 이 커다란 아래턱을 휘둘러서 멀리 쫓아 버리곤 하거든요.

암컷의 턱은 수컷의 턱보다 작지만 유용하게 쓰인다고 해요. 나무 속에 알을 낳을 때, 나무에 구멍을 뚫는 일을 이 아래턱이 하기 때문이지요.

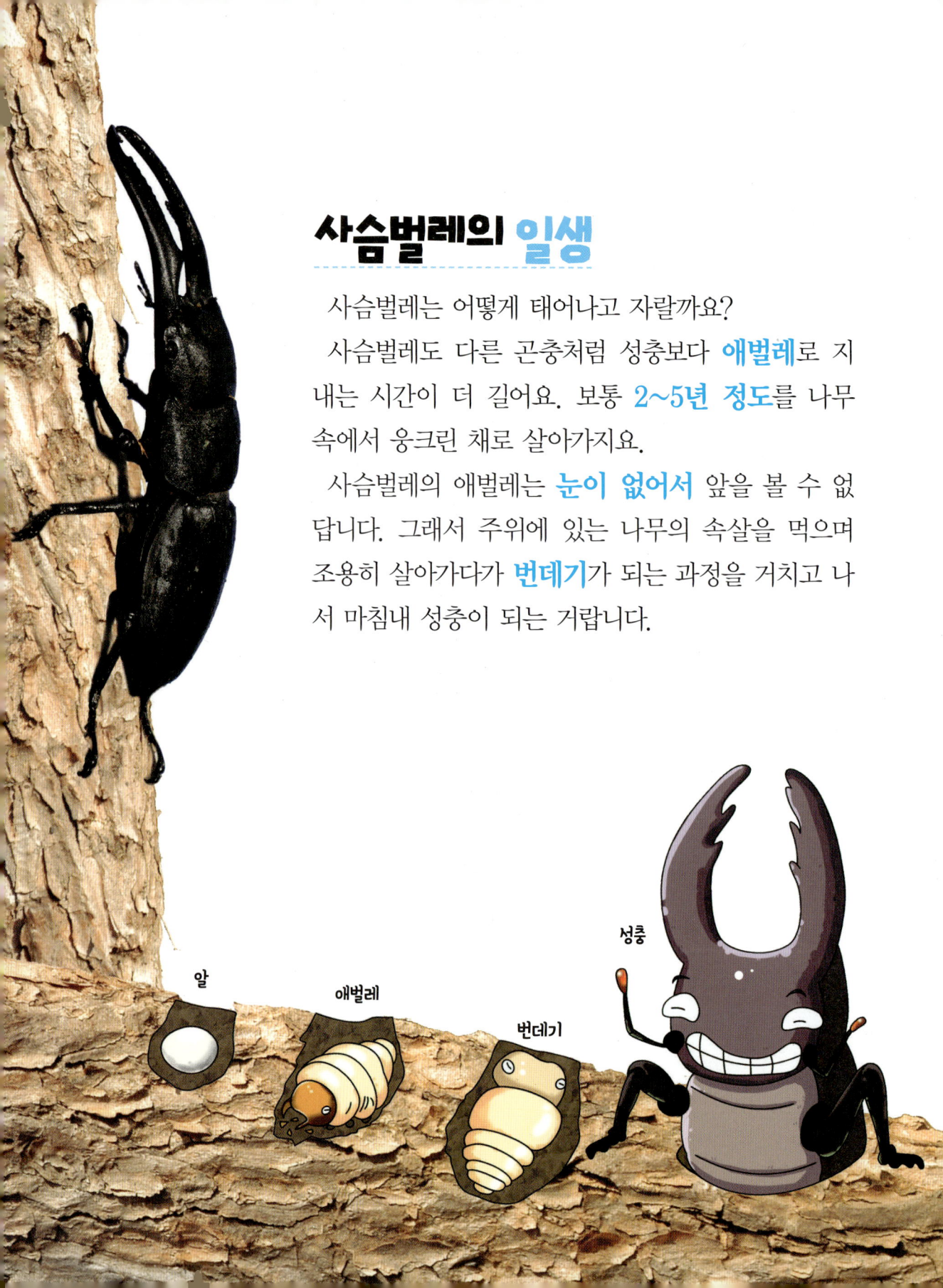

사슴벌레의 일생

사슴벌레는 어떻게 태어나고 자랄까요?

사슴벌레도 다른 곤충처럼 성충보다 **애벌레**로 지내는 시간이 더 길어요. 보통 **2~5년 정도**를 나무 속에서 웅크린 채로 살아가지요.

사슴벌레의 애벌레는 **눈이 없어서** 앞을 볼 수 없답니다. 그래서 주위에 있는 나무의 속살을 먹으며 조용히 살아가다가 **번데기**가 되는 과정을 거치고 나서 마침내 성충이 되는 거랍니다.

알 · 애벌레 · 번데기 · 성충

사슴벌레의 입수염

사슴벌레도 사람처럼 혀를 통해 음식의 맛을 봐요. 그런데 혀 말고도 **맛을 느낄 수 있는 기관**이 또 있대요.
바로 입수염이랍니다.

아무 맛도 안 나!

주황색 부분이 입수염

맛있다!

● 사슴벌레 살펴보기

딱딱한 아래턱

입수염

두꺼운 겉 날개

얇은 속 날개

나랑 이름이 같네!

사슴벌레는 자주 싸움을 해요.
싸우는 이유가 아닌 것은?

01 먹이를 먼저 먹으려고

02 먹이를 많이 먹으려고

03 서로 미워해서

04 알 낳을 좋은 자리를 차지하려고

생각 키우기

수컷 사슴벌레는 **먹이를 두고 싸우거나 암컷을 서로 차지하려고 싸우는 경우가 많아요.** 암컷 사슴벌레는 **알을 낳을 좋은 자리를 차지**하려고 싸우지요. 알을 낳을 자리로는 낙엽이나 나무의 뿌리 등이 썩어서 영양분이 풍부한 곳이 가장 인기가 많답니다.

누구일까요?

첫 번째 힌트	★ **집단**으로 생활해요.
두 번째 힌트	★ **협동심**이 강해요.
세 번째 힌트	★ **허리**가 잘록해요.
네 번째 힌트	★ 맡은 **일**이 각각 달라요.
다섯 번째 힌트	★ **여왕**은 알을 낳아요.

 **결정적 힌트** "게으른 베짱이, 부지런한 ○○"

Ant

개
ㄱ ㅁ

- 사는 곳 : 전 세계
- 분   류 : 절지동물문 곤충강 벌목 개미과
- 먹   이 : 잡식

개 미

협동심으로 맡은 일을 척척
개미

어떤 사람들은 지구의 주인이 사람이 아닌 개미라고 말하기도 해요. 개미가 사람보다 수도 많고, 협동심도 강하며, 공동체 생활을 하기에 적합한 사회성도 잘 발달되어 있기 때문이에요.

실제로 개미 왕국은 사람들이 세운 도시보다 훨씬 먼저 만들어졌다고 해요. 물론 우리 눈에는 보이지 않는 땅 밑에 만들어졌지요. 그 안에는 알을 낳는 방과 애벌레를 기르는 방, 그리고 식량을 모아 두는 창고와 일꾼들이 사는 숙소까지 아주 잘 만들어져 있답니다.

게다가 개미는 적응도 잘해서 무언가 부족한 점을 발견하면 바로 고쳐서 더욱 뛰어난 2세를 낳는답니다.

정말 놀라운 곤충이지요?

개미의 사회

개미는 같은 종이라고 해도 하는 일에 따라 생김새가 달라요. **태어날 때부터 신분**도 정해지지요. 알을 낳는 여왕개미, 여왕개미와 결혼할 수개미, 집을 짓거나 먹이를 나르는 일개미, 적과 싸우는 병정개미가 있답니다.

여왕개미

수개미와 결혼비행*을 하고 나서 알을 낳고 기르는 일을 한답니다. 개미의 사회에서는 왕국마다 여왕개미가 한 마리씩만 있어서 왕국을 다스리지요.

수개미

여왕개미와 결혼비행을 하는 개미랍니다.

일개미

집을 짓거나 애벌레를 키우는 일, 식량을 구해 오는 일, 진딧물을 키우는 일 등 여러 가지 궂은일을 도맡고 있지요.

병정개미

전쟁을 하는 개미예요. 문지기 역할을 하면서 적으로부터 왕국을 지키고, 다른 왕국을 공격해서 식량을 빼앗거나 영역 전쟁을 한답니다.

* **결혼비행** : 여왕개미와 수개미가 함께 날아올라 짝짓기를 하는 것.

병정개미들이 스스로 왕국을 만들지 않고 약탈과 전쟁만 하며 사는 이유는 **무엇일까요?**

01 성격이 나빠서

02 왕국을 짓는 방법을 못 배워서

03 왕국에 관심이 없어서

04 할 줄 아는 것이 전쟁뿐이어서

생각 키우기

병정개미가 전쟁만 하는 이유는 **할 줄 아는 것이 싸움밖에 없기 때문**이에요. 개미 왕국은 다양한 계급의 개미로 구성되는데, 여왕개미 중에는 병정개미만 낳는 것도 있어요. 그러면 왕국의 궂은일을 도맡을 일개미가 없으니까 병정개미들은 또 싸움을 하여 다른 왕국의 일개미를 잡아다가 노예로 부린답니다.

정답 ❹

GUESS 09 누구일까요?

- **첫 번째 힌트** ★ **곤충의 왕**이래요.
- **두 번째 힌트** ★ **종류가 가장 많**아요.
- **세 번째 힌트** ★ 입은 씹기 좋게 **큰 턱**이 있어요.
- **네 번째 힌트** ★ **딱딱한 껍질**로 되어 있어요.
- **다섯 번째 힌트** ★ 보통 **풍뎅이 종류**를 일컬어요.

결정적 힌트 "딱딱한 날개를 가진 벌레"

Beetle

딱

↓

따 ㅈ ㅂ ㄹ

- 사는 곳 : 극지방을 제외한 전 세계
- 분　 류 : 절지동물문 곤충강 딱정벌레목
- 먹　 이 : 썩은 고기나 썩은 나무류

딱정벌레

딱딱한 껍질 날개
딱정벌레

　딱정벌레목에 속하는 곤충을 통틀어 딱정벌레라고 해요. 이 세상에서 발견된 곤충이 모두 합해 95만 종인데, 이 중에 딱정벌레목에 속하는 곤충이 30만 종이에요.

　종류만으로도 **곤충의 제왕**이라고 일컬을 만하지요? 또 딱정벌레는 **단단하고 두꺼운 껍질**을 가지고 있는 데다 힘도 아주 세서 곤충의 왕이라고 거만을 떨 만하답니다.

　게다가 아주 사나워서 프랑스의 유명한 곤충학자인 파브르는 딱정벌레를 싸움밖에 모르고 재주라고는 오로지 남을 죽이는 것만 아는 곤충이라고까지 말했어요.

　딱정벌레는 사는 곳도 무척 다양해요. 땅속에서도 살고, 나무 속에서도 살고, 물에서도 살지요. 또 날개가 있어서 숲속도 마음대로 날아다닌답니다.

대식가 딱정벌레

딱정벌레는 작은 덩치와 달리 엄청나게 먹어 대는 대식가예요. 자기보다 덩치가 큰 달팽이나 애벌레를 잡아서는 그 자리에서 깨끗하게 먹어 치울 정도이지요.

딱정벌레목

딱정벌레목이란 곤충을 나눈 분류 중 하나예요. **딱딱한 등껍질을 가진 대부분의 곤충**이 딱정벌레목에 포함되며, 전체 곤충의 약 5분의 2를 차지해요. 무당벌레와 바구미, 하늘소 종류부터 반딧불이나 풍뎅이까지 모두 딱정벌레목에 속하지요. 하지만 우리가 흔히 부르는 딱정벌레는 대부분 풍뎅이를 가리킵니다.

● 딱정벌레목에 속하는 곤충들

등얼룩풍뎅이

쌀바구미

무당벌레

털두꺼비하늘소

물을 만들어 먹는 딱정벌레?

아프리카의 **나이브 사막**에는 독특하게 물을 마시는 행동으로 유명한 딱정벌레가 있어요. 이 딱정벌레는 안개가 잔뜩 낀 이른 새벽이 되면 언덕 위로 올라가 안개를 쐬요. 그러면 안개를 이루는 작은 물방울들이 딱정벌레의 등껍질에 맺히고 서로 합쳐지면서 더 큰 물방울을 이루지요. 이때 딱정벌레가 몸을 움직여 이 물방울을 입으로 흘러들게 한답니다. 참 똑똑하죠?

푸른배줄잎벌레

거위벌레

사슴벌레

딱정벌레는 걸핏하면 배를 드러내고 벌렁 누워 버려요. 그 이유는 무엇일까요?

01 잠을 자려고

02 게을러서

03 죽은 척하려고

04 적과 싸우려고

생각 키우기

딱정벌레를 발견하면 살짝 건드려 보세요. 딱정벌레가 벌렁 드러눕는 모습을 볼 수 있을 거예요. 이 모습은 딱정벌레가 **죽은 척 위장해서 우리의 관심을 다른 곳으로 돌리려는 속임수**랍니다. 또 딱정벌레의 천적*인 새들이 죽은 벌레를 먹지 않는다는 사실을 알고 드러누워 죽은 척을 하곤 하지요.

* 천적 : 잡아먹고 잡아먹히는 동물 중 잡아먹는 동물.

정답 ❸

# 누구일까요?

첫 번째 힌트	★ 오이, 호박 같은 **채소를 좋아**해요.
두 번째 힌트	★ **피를 빨아 먹는 종류**도 있어요.
세 번째 힌트	★ **대롱 모양 입**으로 빨아 먹어요.
네 번째 힌트	★ '**방귀벌레**'라고도 불러요.
다섯 번째 힌트	★ 위험하면 특이한 냄새를 뿜어요.

 **결정적 힌트** "고약한 노린내를 풍겨요."

Stinkbug

노

ㄴㄹㅈ

- 사는 곳 : 땅 위나 물 위, 혹은 물속
- 분 류 : 절지동물문 곤충강 노린재목
- 먹 이 : 식물의 즙

노린재

고약한 노린 냄새가 풀풀
노린재

　노린재는 어디서나 살 수 있어요. 땅 위에서도 살고, 땅 속에서도 살아요. 또 물 위에서도 살고, 물속에서도 사는 곤충이지요.

　노린재는 종류가 많아요. 해충을 잡아먹는 종류도 있지만, 옥수수나 식물의 즙을 빨아 먹어서 농작물에 해를 입히는 경우가 많아요. 심지어 사람의 피를 빨아 먹는 종류도 있어요. 이빨이 없어도 머리에 빨대처럼 생긴 대롱이 있어서 뭐든 다 빨아 먹는답니다.

　노린재의 뛰어난 무기는 바로 방귀예요. 위험을 느끼면 방귀를 뽕뽕 뀌어 적을 물리치지요. 그 냄새가 얼마나 고약한지 웬만한 적들은 코를 쥐고 달아나 버린답니다. 항상 무리 지어 사는 노린재가 일제히 고약한 냄새를 대포처럼 쏘아 대면 누구도 버틸 수 없겠지요?

"엄마가 냄새로 지켜 줄게!"

　노린재는 모성애가 아주 강하답니다. 주로 잎사귀 뒷부분에 알을 낳는데, 알을 낳은 후에는 **꼼짝도 않고** 제자리에 앉아 **알만 지키지요**. 알이 애벌레가 된 후에도 애벌레를 배 밑에 깔고는 먹지도 움직이지도 않고, 오로지 자기 **새끼만 보호**할 정도예요. 그러다가 누군가 새끼에게 위협을 가하면 재빨리 냄새 폭탄을 터뜨린답니다.
　노린재는 우리처럼 엉덩이로 방귀를 뀌는 게 아니에요. **겨드랑이**에 냄새를 내보내는 돌기가 있어서 그곳으로부터 냄새를 뿜어내지요.

빈대도 노린재?

노린재는 종류가 아주 많은데, 이들의 공통적인 특징은 대롱 모양의 입을 가지고 있다는 거예요. 이것을 먹잇감에 꽂고 식물의 즙이나 동물의 피를 빨아 먹지요. 그중에 주로 **동물의 피를 빨아 먹는 노린재**가 바로 빈대랍니다.

프랑스에서 냄새나는 노린재를 이용해 향수를 만들기도 했어요. 어떤 방법일까요?

01 노린재의 똥을 모아서

02 노린재의 침을 받아서

03 노린재의 몸 기름으로

04 페로몬을 채취해서

생각 키우기

노린재의 고약한 냄새 안에는 페로몬이라는 화학물질이 포함되어 있어요. 이 페로몬으로 자기 짝을 유혹하지요. 옛날 프랑스 사람들은 노린재가 냄새를 약하게 뿜으면 구린내가 아닌 향기가 난다는 것을 알았어요. 그래서 **노린재가 냄새를 풍기는 부분을 채취해서 약간 희석하여 페로몬이 포함된 상태**로 향수를 만들기도 했대요.

정답 ❹

첫 번째 힌트	★ 풀이나 벌레를 먹어요.
두 번째 힌트	★ 다리로 소리를 들어요.
세 번째 힌트	★ 날개가 있지만 날지는 못해요.
네 번째 힌트	★ 날개를 비벼서 소리를 내요.
다섯 번째 힌트	★ 가을밤 풀잎에 앉아 노래 불러요.

 결정적 힌트 "귀뚤귀뚤~"

Cricket

귀

ㄱ ㄸ ㄹ ㅁ

- 사는 곳 : 풀밭
- 분 류 : 절지동물문 곤충강 메뚜기목 귀뚜라미과
- 먹 이 : 벌레

귀뚜라미

가을밤의 음악가
귀뚜라미

"귀뚤귀뚤 귀뚜르르~."

무더운 여름이 지나고 우리에게 **가을**이 왔음을 알려 주는 반가운 소리! 바로 귀뚜라미의 노랫소리예요.

흔히 "귀뚤귀뚤~" 하는 소리를 귀뚜라미 울음소리라고 하지만, 사실 귀뚜라미는 우리처럼 목청을 이용해서 우는 게 아니랍니다. **날개를 비벼서 소리를 내**는 거예요. 짝을 지어야 할 시기가 되면 **암컷을 유혹하려고** 사랑의 세레나데를 부르는 거지요. 이 소리를 들은 암컷이 수컷에게 달려와 짝짓기를 한답니다.

귀뚜라미는 종류가 다양하지만 짝짓기는 같은 종류끼리만 해요. 암컷은 저마다 소리가 다른 수컷의 **노랫소리를 통해 자기와 같은 종류의 귀뚜라미를 구분**한답니다. 가을밤에 귀를 기울이고 잘 들어 보면 귀뚜라미의 노랫소리가 저마다 다르다는 것을 알 수 있어요.

다리에 있는 청각기관

다리에 귀가 있다고?

귀뚜라미는 다리로 소리를 들어요. 귀는 없지만 다리에 **귀 역할을 하는 청각기관**이 있기 때문이지요.

귀뚜라미 싸움?

옛날 중국에서는 귀뚜라미 싸움을 즐겨 했어요. 접시 위에 귀뚜라미 두 마리를 놓고 싸움을 붙이는 거지요. 그래서인지 중국 사람들은 귀뚜라미를 아주 귀하게 여겨 왔다고 해요.

귀뚜라미 집

귀뚜라미 머리

귀뚜라미 알

날개를 비벼서 소리를 낸다고?

귀뚜라미의 울음소리는 목에서 나는 게 아니에요. **날개를 세우고 비벼서 나는 소리**랍니다. 우리에게 가을이 왔음을 알려 주는 정겨운 울음소리가 날개에서 나는 소리였다니, 참 신기하지요?

울음소리로 온도를 잰다고?

귀뚜라미는 **주변 온도에 따라 날개를 비비는 속도가 달라**요. 귀뚜라미 울음소리를 14초 동안 세어 보고 그 숫자에 40을 더하면 현재 온도가 된대요. 아, 물론 섭씨*(℃)가 아닌 화씨*(℉)를 말하는 거랍니다.

* **섭씨(℃)** : 물의 어는점을 섭씨 0도, 끓는점을 섭씨 100도로 정하고 그 사이를 100등분한 것으로 세계적으로 가장 많이 사용하는 온도 단위예요. 우리나라도 섭씨온도를 사용하지요.
* **화씨(℉)** : 물의 어는점을 화씨 32도, 끓는점을 화씨 212도로 정하고 그 사이를 180등분한 온도 단위예요. 미국에서 많이 사용해요.

귀뚜라미 싸움은 어떻게 붙일까요?

01 먹이로 유인해서

02 괴롭혀서

03 배고프게 만들어서

04 좁은 곳에 같이 두어서

생각 키우기

수컷 귀뚜라미가 가을에 목청을 높여 우는 이유는 자기 영역을 지키기 위해서예요. 목청껏 울며 자신의 영역을 지키고, 암컷을 유혹하여 그 안으로 들어오게 하는 거지요. 그래서 **좁은 공간에 수컷 두 마리를 함께 두면 상대를 자기 영역에서 쫓아내려고** 싸운답니다.

GUESS 12

첫 번째 힌트	★ **연못이나 개울**에 살아요.
두 번째 힌트	★ **6개의 긴 다리**가 있어요.
세 번째 힌트	★ **다리에 털**이 많아요.
네 번째 힌트	★ **다리가 물에 젖지 않아요.**
다섯 번째 힌트	★ **물 위를 동동 떠다닐 수 있어요.**

 결정적 힌트 **" '소금장수' 라고도 불려요."**

Water strider

소

ㅅㄱㅈㅇ

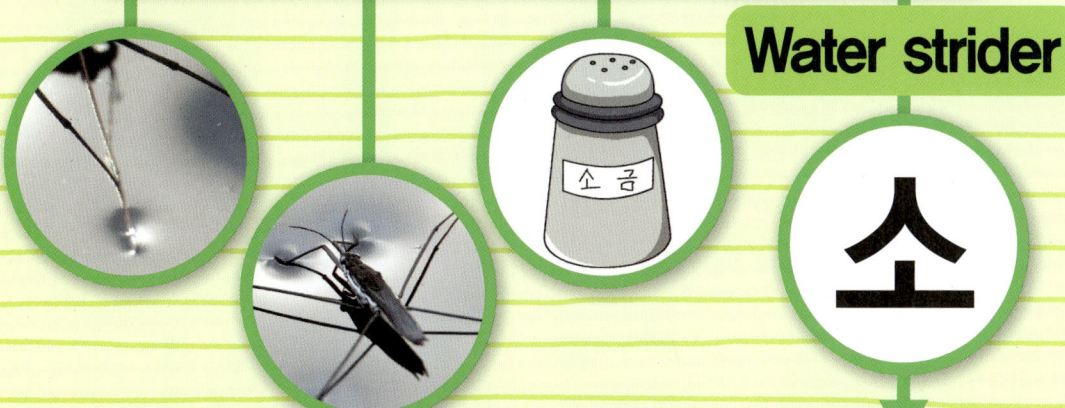

- 사는 곳 : 연못, 늪지, 개천 등
- 분　류 : 절지동물문 곤충강 노린재목 소금쟁이과
- 먹　이 : 죽은 물고기나 곤충의 체액

소금쟁이

물 위를 미끄럼 타듯 동동
소금쟁이

소금쟁이는 아시아 지역에서만 볼 수 있는 곤충이에요. 우리나라, 타이완, 중국, 시베리아 동쪽에서만 발견되지요.

소금쟁이는 다리에 방수털이 있어 물 위를 둥둥 떠다니며 미끄럼타듯이 다닐 수 있어요. 또 날개가 있어서 날아다니기도 하지만, 몸통에 비해 너무 작아서 오래 날지는 못한답니다.

물 위에서는 잘 움직이지만 땅 위에서는 형편없이 느려서, 땅 위로 올라오는 때는 겨울잠을 잘 때뿐이라고 해요.

소금쟁이는 봄에 알로 태어나서 성충이 된 다음, 가을이 되면 이듬해 이른 봄까지 잠을 자고, 잠에서 깨면 다시 나와 알을 낳고 죽는 1년생이에요.

소금쟁이가 물에서 잘 살 수 있도록 발달한 이유는 물속에 소금쟁이의 먹이가 많기 때문이랍니다.

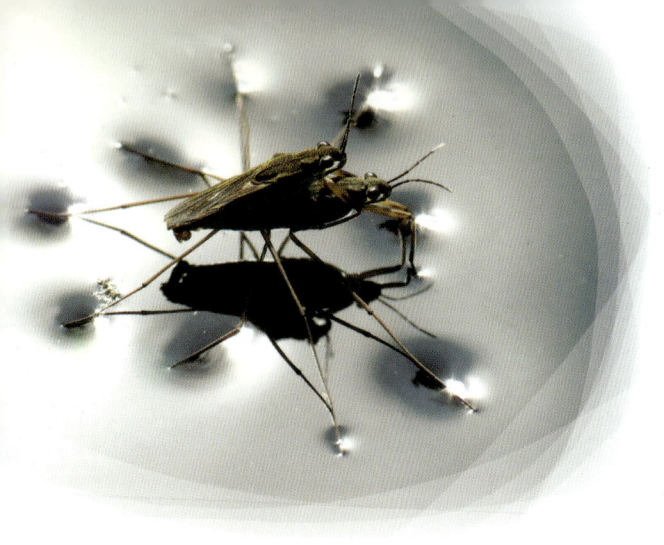

소금쟁이의 사냥법!

소금쟁이는 평소 물에서 자기 영역을 지키고 있다가 앞다리로 수면의 진동을 느껴 주변에 먹이가 있음을 파악해요. 그런 다음 순식간에 긴 **가운뎃다리로 노를 젓듯이 쫓아가** 냉큼 먹이를 잡아 체액을 빨아 먹지요. 그 속도가 얼마나 빠른지, 1초에 자기 몸길이의 100배나 되는 거리를 갈 수 있을 정도랍니다.

비켜! 내 영역이야!

소금쟁이는 **물의 진동**을 통해서 먹이를 잡기 때문에 다른 소금쟁이가 **주변에 있으면 방해**를 받아요. 그래서 서로의 영역을 철저하게 지켜 준답니다.

내 영역에 넘어오지 마!

소금쟁이는 어째서 물에 빠지지 않을까?

 소금쟁이의 다리에는 털이 많아서 공기 방울이 맺히기 쉬워요. 게다가 다리에 기름기가 있어서 물과 닿으면 서로 밀어내는 힘이 생긴답니다. 그렇기 때문에 물 위에서도 오래 떠 있을 수 있는 거예요.

 하지만 습기가 많은 날에는 소금쟁이도 물에 빠진다고 해요. 소금쟁이 다리의 기름기나 공기 방울도 너무 많은 습기는 이겨 내지 못해서랍니다.

'소금쟁이'라고 불리게 된 이유는 무엇일까요?

01 소금을 낳아서

02 소금물에서만 살아서

03 소금 장수가 지게를 진 모습과 닮아서

04 소금을 먹고 살아서

생각 키우기

소금쟁이는 물 위에서 긴 다리를 한껏 벌리고 서 있어요. 그 모습이 마치 **옛날에 소금 장수들이 무거운 소금 가마니를 짊어진 모습과 닮았다고 해서** 우리나라에서는 소금쟁이로 불리게 된 거랍니다. 또 이런 이유 때문에 '소금장수'로 잘못 불리기도 하지요.

정답 ❸

GUESS 13

누구일까요?

첫 번째 힌트	★ 먹이와 물만 있으면 **어디든** 살아요.
두 번째 힌트	★ 몸은 **납작**해요.
세 번째 힌트	★ 닥치는 대로 먹는 **잡식성**이에요.
네 번째 힌트	★ 어둡고 **습한** 곳을 좋아해요.
다섯 번째 힌트	★ **이 세상에서 가장 오래된 곤충!**

결정적 힌트  "집 안에도 있어요."

Cockroach

바

↓

ㅂㅋㅂㄹ

- 사는 곳 : 죽은 나무 아래와 집 안
- 분 류 : 절지동물문 곤충강 바퀴목
- 먹 이 : 잡식

바퀴벌레

끈질긴 생명력과 번식력
바퀴벌레

바퀴벌레는 이 세상에서 가장 오래된 곤충이에요. 무려 3억 년 전에 태어났다고 하니 100만 년 전에 태어났다고 하는 인류보다도 먼저 태어난 거지요.

지구가 생물이 살기에 어려운 환경에 처했을 때조차도 어떻게든 적응을 하며 살아온 걸 보면, 사람보다도 훨씬 더 오래 지구에 살아남을 것만 같아요. 그만큼 생명력도 강하고 번식력도 강해서, 바퀴벌레는 그 수와 종류도 무척 많답니다.

사람들은 병균을 너무 많이 옮기는 바퀴벌레를 없애려고 참 많은 노력을 해요. 하지만 바퀴벌레는 워낙 재주가 많아서 요리조리 피해 다니기 때문에 없애기도 쉽지 않지요. 사람들 눈에 띄지 않으려고 주변과 비슷한 색으로 태어나기도 하고, 좁은 틈에서 살아야 할 상황이라면 납작한 모양으로 태어나기도 한답니다.

'페로몬'이라는 텔레파시!

바퀴벌레는 따로 돌아다니다가 한 마리가 먹이를 발견하면 어느새 **우글우글 떼로 모여**든답니다. 바로 '페로몬'이라는 냄새나는 물질 때문이에요. 페로몬을 통해 정보를 전달함으로써 먹잇감이 있는 곳을 알려 주기도 하고, 위험 신호를 보내기도 하고, 또 짝짓기를 위해 짝을 부르기도 하지요.

해충이야, 익충이야?

사람에게 병균을 옮기는 바퀴벌레는 해충이라고 할 수 있지요. 그러나 바퀴벌레가 원래부터 해로운 곤충이었던 건 아니에요. 먼 옛날 숲속에서는 숲의 더러운 사체나 찌꺼기를 청소해 주는 고마운 존재였지요. 그런데 사람들이 숲을 없애 도시를 만들면서부터 점차 썩은 먹이를 구할 곳이 없어지니까 자연스럽게 사람의 음식을 넘보기 시작한 거지요. 그래서 해충이 된 거랍니다. 지금도 숲속에는 해롭지 않은 바퀴벌레들이 많이 살고 있어요.

생명력, 번식력 모두 1등!

바퀴벌레는 사람이 발로 밟아 몸이 납작해져도 **곧 제 모습이 되어 달아나**고, 천적에게 다리를 물려도 얼른 다리를 떼어 주고 달아날 정도로 생명력이 강해요. 또 번식력도 뛰어나서 1년에 3번이나 알을 낳지요.

4,000종이 넘는다고?

바퀴벌레는 그 종류만 해도 4,000여 종이 넘을 정도로 많아요. 그런데 우리나라에는 불과 7종 정도만 살고 있어요. 바퀴벌레는 원래 더운 나라에서만 살았는데, 교통수단이 발달하면서 다른 나라의 물건을 우리나라로 가져올 때, 일부 열대성 바퀴벌레들이 함께 따라와 우리나라에서도 살게 된 거예요.

바퀴벌레가 다른 곤충에 비해 유독 집 안에 많은 이유는 무엇일까요?

01 가정적이어서

02 사람에게 병균을 옮기려고

괜히 싫어! 싫어!

03 따뜻한 곳을 좋아해서

으~ 추운 건 못 참아….

04 먹을 것이 많으니까

꺽~

생각 키우기

지금 우리가 쉽게 볼 수 있는 바퀴벌레는 원래 우리나라보다 더 따뜻한 곳에서 살던 곤충이었어요. 이 바퀴벌레들이 무역을 통해 다른 나라 물건을 우리나라로 가져올 때 함께 실려 왔지요. 그런데 원래 살던 나라보다 우리나라가 **추워서 살기가 어려우니까 따뜻한 집 안으로 들어와** 살게 된 거랍니다.

정답 ❸

GUESS 14

누구일까요?

첫 번째 힌트	★ **물**에서 살아요.
두 번째 힌트	★ 원래는 **땅** 위에 살았대요.
세 번째 힌트	★ **공기주머니**를 가지고 있어요.
네 번째 힌트	★ 먹이를 녹여서 **빨아 먹어**요.
다섯 번째 힌트	★ 암컷이 수컷의 등 위에 알을 낳아요.

 "자라의 등껍질과 비슷해요."

 Korean muljara

물

ㅁㅈㄹ

- 사는 곳 : 하천이나 저수지 등의 잔잔한 물속
- 분   류 : 절지동물문 곤충강 노린재목 물장군과
- 먹   이 : 각종 벌레들

물자라

알을 업고 다니는 수컷
물자라

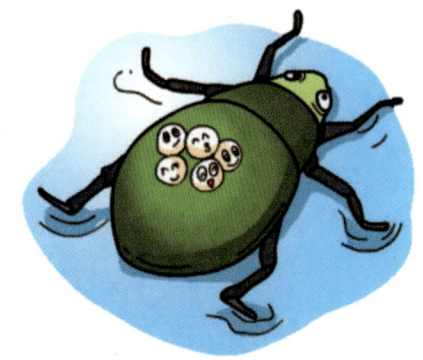

　물자라는 연못이나 물가의 수풀 아래에 살아요.

　하지만 사실 물자라는 땅 위에 사는 노린재에 속한 곤충이랍니다. 땅 위에서 살다가 어느 때부턴가 물속으로 들어가서 살게 된 거지요.

　물자라는 물속에서 살긴 하지만 물고기 종류가 아니어서 물속에서 숨을 쉴 수 있는 아가미가 없어요. 그 대신 몸 안에 공기주머니가 있답니다. 그래서 물속에서 부지런히 먹이를 찾아다니며 활동하다가 산소가 부족하면 얼른 물 밖으로 나와서 공기주머니에 공기를 가득 채우고 다시 물속으로 들어가지요.

　물자라는 물속에서 짝짓기를 하고 알도 낳지만, 알을 돌볼 때는 물속과 물 밖을 부지런히 왔다 갔다 해야 한답니다. 공기와 수분을 적절히 유지하기 위해서예요.

물자라

엄마는 하나! 아빠는 여럿이라고?

 물자라는 한 마리의 암컷이 여러 마리의 수컷과 짝짓기를 하는 특이한 곤충이에요. 즉, 신랑은 여럿이고 신부는 하나인 꼴이지요.
 암컷은 여러 수컷과 짝짓기를 하고 나서 수컷의 등 위에 알을 낳고 나 몰라라 하고 돌아다닌답니다.

알을 업고 다니며 보살피는 아빠의 사랑

암컷이 수컷의 등에 알을 낳고 떠나면, 수컷은 **혼자서 열심히 알을 돌본답니다**. 알을 등에 업고 물 밖으로 나와서 알이 공기를 마시게 해 주었다가 다시 물속으로 들어가서 수분으로 알을 충분히 적시는 등 아주 바쁘게 움직이지요. 이런 수컷의 자식에 대한 사랑은 아랑곳하지 않고, 어떤 암컷은 알을 보살피고 있는 수컷에게 달려들어 등에 있는 알을 다 떼어 버리고는 자기 알을 낳고 떠나기도 한답니다.

● 알을 업고 있는 수컷 물자라

물자라가 땅 위에서 살다가 물속으로 들어간 이유는 무엇일까요?

01 수영을 좋아해서

02 물속이 시원해서

03 공기가 오염되어서

04 먹이가 많아서

생각 키우기

물자라는 원래 땅 위에서 살긴 했지만, 주로 물속에서 먹이를 구하곤 했어요. **먹이를 구할 때마다 자꾸 물속으로 들어가다 보니** 나중에는 아예 물속으로 들어가 살게 된 거지요. 오랜 세월 동안 물속에서 살다가 물 밖으로 나온 동물들과는 달리, 물자라는 땅 위에서 살다가 물속으로 들어간 동물이랍니다.

정답 ❹

GUESS 15

누구일까요?

첫 번째 힌트	★ 아주 **작아요**.
두 번째 힌트	★ 몸은 **납작**하고 날개는 없어요.
세 번째 힌트	★ **전염병**을 옮겨요.
네 번째 힌트	★ 동물의 **피를 빨아** 먹어요.
다섯 번째 힌트	★ 물리면 간지러워요.

결정적 힌트 "머리카락 틈에서 살기도 해요."

Louse

2

- 사는 곳 : 동물의 몸
- 분　류 : 절지동물문 곤충강 이목
- 먹　이 : 동물의 피

10

기생해 사는 흡혈 곤충
이

이는 동물의 몸에 기생*해서 사는 이목의 곤충을 통틀어 말해요. 모두가 숙주*에 달라붙어서 일생을 보내는 흡혈 곤충이지요. 사람의 몸에 기생하면서 많은 질병을 옮기고, 피부병을 일으키기도 하는 해충이랍니다.

몸길이는 0.5~0.6밀리미터로 아주 작아서 눈에 잘 띄지도 않아요. 또 이는 달라붙어서 사는 동물이나 사람의 몸 색깔에 맞춰 자신의 몸 색깔도 변화시키는 재주를 가지고 있어서 잡아내기가 어렵지요.

이의 알은 타원형에 흰색을 띠며, 서캐라고 불러요. 암컷은 숙주의 몸에 난 털, 또는 옷에 알을 1개씩 낳는답니다. 이는 불완전변태를 해서 번데기 과정을 거치지 않아요. 애벌레가 허물을 벗으면서 성충의 모양과 색깔을 갖추게 되지요.

---

* **기생** : 한 생물이 다른 생물의 영양분을 빼앗으며 살아가는 생활 형태.
* **숙주** : 한 생물이 다른 생물의 영양분을 빼앗으며 살아갈 때, 빼앗기는 쪽의 생물.

으~ 가려워~.

위장술의 천재!

개나 소, 돼지에 붙어 기생하는 이는 모두 덩치가 크고 색깔도 진해요. 그런데 사람에게 붙어 기생하는 머릿니나 몸 이는 달라붙어 있는 사람의 몸이나 머리카락 색깔에 따라서 자기 **몸 색깔도 바꾼다**고 해요. 그래서 인종에 따라 이의 몸 색깔도 다르답니다.

나 요기 있지롱~.

간지러워~.

이가 옮기는 전염병

이가 옮기는 병 중에 가장 무서운 병이 **발진티푸스**랍니다. 이가 생기면 가려워서 긁게 되는데, 그때 생긴 상처에 이의 배설물에 섞여 있던 세균이 들어가서 일으키는 병이지요. 역사책을 보면 전쟁 중에 많은 군인이 이 병으로 죽었다는 기록이 있어요. 깨끗하지 못한 환경에서 지내야 했기 때문이지요.

모근 주변에서 사는 사면발니

이 중에서 사람을 가장 괴롭히는 종류는 바로 '사면발니'라는 이예요. 어른들의 허벅지 안쪽에 있는 **모근*** 주변에 파고들어서 기생하며 피를 빨아 먹지요. 몸에 사는 이처럼 옮겨 다니지는 않지만, 사면발니가 있는 곳은 몹시 가려워서 긁게 되고, 결국에는 피부병을 일으킨답니다.

* **모근** : 털의 뿌리.

이가 머리카락에서 떨어지지 않고 매달려 있을 수 있는 이유는 무엇일까요?

01 머리카락이 지저분해서

02 머리카락이 길어서

03 머리카락에 접착액을 내뿜어서

04 머리카락이 엉켜 있어서

생각 키우기

머리에 사는 이는 **몸에서 끈적끈적한 액체를 내뿜어서** 사람 머리카락의 뿌리 쪽에 달라붙어 산답니다. 그래서 바람이 불거나 빗질을 해도 잘 떨어지지 않는 것이지요. 옛 어른들은 빗살이 가늘고 촘촘한 참빗으로 머리를 빗어 머리에 사는 이를 떼어 내곤 했어요.

정답 ❸

GUESS 16

누구일까요?

첫 번째 힌트	★ 벌레를 잡아먹어요.
두 번째 힌트	★ 몸이 길고 가늘어요.
세 번째 힌트	★ 좁은 틈에서도 잘 살아요.
네 번째 힌트	★ '못뽑이'*라고도 불러요.
다섯 번째 힌트	★ '가위벌레'라고도 불러요.

* 못뽑이 : 못을 뽑는 기구.

결정적 힌트 "꼬리 끝에 집게!"

Earwig

집

→ ㅈㄱㅂㄹ

- 사는 곳 : 축축한 낙엽 밑이나 돌 밑
- 분　류 : 절지동물문 곤충강 집게벌레목
- 먹　이 : 대부분 육식성이지만 잡식성도 많음.

집게벌레

집게처럼 생긴 꼬리
집게벌레

장독대 밑이나 축축한 낙엽, 혹은 돌 밑을 가만히 살펴보면 간혹 꼬리가 집게처럼 생긴 곤충이 보일 거예요. 바로 집게벌레랍니다.

집게벌레는 꼬리 부분이 가위처럼 생겨서인지 **가위벌레**라고도 불려요. 사슴벌레도 집게가 있어 집게벌레로 불리곤 하지만, 사슴벌레와 집게벌레는 사실 다르답니다. 사슴벌레는 집게가 머리에 있는데, **집게벌레는 꼬리**에 붙어 있어요.

집게벌레는 주로 벌레를 잡아먹는데, 종류에 따라 식물의 잎사귀를 먹기도 해요.

날렵하게 생긴 집게를 곤두세우고 다른 벌레와 싸우는 모습은 마냥 사나워 보이지만, 사실 집게벌레는 모성애도 아주 강한 곤충이랍니다. 알을 낳으면 먹지도 자지도 않고 알만 보살필 정도예요.

밤이 좋아요!

집게벌레는 주로 돌 밑이나 쓰레기 더미 밑처럼 습기 차고 어두운 곳에 살아요. 낮에는 꼼짝도 않고 잠만 자다가 밤이 되면 슬슬 밖으로 나와서 이 동네 저 동네를 돌아다니며 자기보다 작은 벌레들을 잡아먹는답니다.

따뜻하고 습한 곳이 좋아요!

여름에는 집게벌레가 집 안에서 발견되는 일이 드물어요. 그러나 날이 추워지기 시작하면 종종 집 안에서도 집게벌레가 발견되곤 하는데, **따뜻하고 습한 곳을 좋아**하기 때문이에요.

적도 막고 먹이도 잡는 집게!

집게벌레는 위험을 느끼면 배 끝의 집게를 높이 들어 올려 사납게 싸우는 자세를 취해요. 적으로부터 자신을 보호하는 거지요.

뿐만 아니라 집게로 다른 곤충을 사냥하기도 해요.

적도 막고 먹이도 잡는 **훌륭한 도구**랍니다.

집게벌레가 알을 낳고 나서, 아무것도 먹지 않는 이유는 무엇일까요?

01 알을 돌보느라 바빠서

02 정말 좋아서

03 게을러서

04 힘들어서

생각 키우기

곤충이 모성애가 강하면 얼마나 강하겠느냐고요? 집게벌레는 모성애가 아주 강해서, **알을 낳고 나면 자기 알을 돌보느라 전혀 먹이를 찾아 나서지 않아요. 심지어 자지도 쉬지도 않지요.** 애벌레가 된 뒤에도 어미 집게벌레는 한동안 애벌레를 보살핀답니다.

GUESS 17 누구일까요?

첫 번째 힌트	★ **날아**다녀요.
두 번째 힌트	★ **풀밭**이나 농촌에서 볼 수 있어요.
세 번째 힌트	★ **농작물**을 먹어 치워요.
네 번째 힌트	★ 자주 **떼로 몰려**다녀요.
다섯 번째 힌트	★ 긴 뒷다리로 멀리까지 뛰어요.

결정적 힌트 "띔뛰기 선수예요."

Grasshopper

메

ㅁ ㄸ ㄱ

- 사는 곳 : 습하지 않은 곳
- 분　　류 : 절지동물문 곤충강 메뚜기목
- 먹　　이 : 식물의 잎, 곡식 알갱이

메뚜기

들판의 높이뛰기 선수
메뚜기

　메뚜기는 시골에서 흔하게 볼 수 있는 곤충이에요. 숲속이든 논이든 밭이든 공터든 어디서나 잘 살지요.
　메뚜기는 대부분 자기 몸무게의 2배나 되는 먹이를 거뜬히 먹어 치울 만큼 먹성이 좋아요. 애벌레나 성충이 닥치는 대로 곡물을 먹어 치우는 바람에 메뚜기가 많아지면 농부들은 골머리를 앓는답니다.
　날이 건조해지면 그 수가 더욱 많아져 농작물에 큰 피해를 주기도 하거든요.
　메뚜기는 뒷다리가 잘 발달한 높이뛰기 선수예요. 하지만 그건 아직 날지 못하는 어릴 때의 모습이고, 성충이 되면 날개가 생기기 때문에 여기저기 날아다닌답니다. 이집트나 아프리카 등지에서는 떼로 몰려다니며 피해를 주는 메뚜기를 악마의 부하들이라고 부르기도 해요.

메뚜기 떼는 신의 노여움?

 이 작은 곤충이 왜 두려움의 대상이 되었을까요?
 메뚜기는 날씨가 건조해지면 그 수가 무섭게 늘어나는 데다가 몸이 갑자기 검은색으로 변해요. 검게 변한 수백만 마리의 메뚜기 떼가 굉장히 먼 거리를 옮겨 다니며 **농작물을 모조리 먹어 치우는** 장면을 상상해 보세요. 땅은 풀 한 포기 남지 않은 폐허가 된답니다. 그래서 아프리카에서는 수백만 명의 사람이 굶어 죽기도 했어요.
 예로부터 중국 사람들은 무리 지어 다니는 메뚜기 떼를 비황(飛 날 비, 蝗 메뚜기 황)*이라 부르며 두려워했답니다.

* **비황** : 집단으로 이동하며 농작물에 피해를 입히는 메뚜기 떼.

배로 소리를 듣는다고?

메뚜기는 특이하게도 배로 소리를 들어요. 사람의 귀처럼 생긴 귀가 배에 달린 것은 아니지만, 배의 **밑마디 양쪽에** 소리를 듣는 **청각기관**이 있기 때문이에요.

● 메뚜기목 곤충들

귀뚜라미

여치

방아깨비

땅강아지

메뚜기 떼는 어떻게 멀리 날아갈 수 있을까요?

01 날개가 커서

02 체력이 좋아서

03 서로 밀어 줘서

04 바람을 타고 날아서

생각 키우기

메뚜기는 먹을 것을 찾아 아주 멀리 이동해요. 서울에서 부산까지 6번 왕복한 거리인 5,000킬로미터를 이동했다는 기록이 있을 정도지요. 메뚜기는 먼저 기류를 타고 하늘 높이 오른 다음에 **바람이 부는 방향대로 바람을 타고 날아**가요. 바람이 알아서 밀어 주니까 힘들이지 않고 엄청난 거리를 비행할 수 있는 거랍니다.

정답 ❹

GUESS 18

누구일까요?

첫 번째 힌트	★ **날아**다녀요.
두 번째 힌트	★ 언뜻 보면 **파리나 벌** 같아요.
세 번째 힌트	★ '**쇠파리**'라고도 불러요.
네 번째 힌트	★ **주둥이가 뾰족**하고 날카로워요.
다섯 번째 힌트	★ **털짐승에 붙어서 피를 빨아요.**

 결정적 힌트: "**소 등에 붙어서 피를 빨아요.**"

Gadfly

등에

- 사는 곳 : 개울, 습지, 산림지대
- 분　류 : 절지동물문 곤충강 파리목 등에과
- 먹　이 : 식물의 즙, 동물의 피

등에

파리야, 벌이야?
등에

　등에는 생김새가 파리와 무척 닮아서 등에를 발견하고도 "야아! 이 파리 정말 크네!" 하고 착각할 정도예요. 파리 중에서도 특히 집파리와 많이 닮았는데, 등에의 몸집이 집파리보다 훨씬 크답니다.

　또 등에는 파리보다 훨씬 빠르게 날아다녀요. 어찌나 자유자재로 날아다니는지 마치 헬리콥터 같답니다.

　몸 색깔과 무늬는 다양한데, 겹눈이 머리의 대부분을 차지하는 등에의 모습은 멋지기도 하고, 조금 무섭기도 하지요. 일반적으로 양쪽 겹눈이 맞붙은 것이 수컷이고, 떨어진 것이 암컷이에요.

　항상 꽃을 찾아다니며 꽃가루를 핥아 먹는 꽃등에, 다른 동물에게 달라붙어서 피를 빨아 먹는 흡혈등에 등 종류도 여러 가지랍니다.

흡혈귀가 나타났다!

'흡혈등에'란 등에의 암컷을 말해요. 다른 동물에게 달라붙어 피를 빨아 먹으며 사는 습성이 있지요.

주로 가축이나 야생 동물에게 달라붙어서 피를 빠는데, 얼마나 많이 먹는지 **하루에 9밀리리터**나 빨아 먹는대요. 음료수 병뚜껑을 가득 채운 양이지요. 등에는 다른 흡혈성 곤충과 달리 주로 한낮에 활동한답니다.

으악~ 배불러!

돼지 등에 붙어 있는 등에

야구공보다 내가 빨라!

보통 시속 60~90킬로미터로 날아다니는 등에! 그런데 등에의 비행 속도에 관한 놀라운 기록이 있답니다. **시속 145킬로미터**의 속도로 날아가는 등에가 촬영된 거예요.

시속 145킬로미터라면 야구공보다 빠르고, 고속도로의 자동차보다도 빠른 속도예요. 그런데 작은 곤충인 등에가 어떻게 그렇게 빨리 날아갈 수 있었을까요? 알고 보니 당시에 촬영한 등에는 **암컷 등에와 짝짓기를 하려고** 온 힘을 다해 쫓아가는 수컷 등에였다고 해요. 짝짓기를 하기 위해 평균보다 약 2배에 가까운 속도를 내다니, 참 재미있지 않나요?

내가 더 빠르지롱~.

● 벌과 파리는 등에와 어떤 점이 다를까?

등에 / 꽃등에
혼자 돌아다녀요. 파리보다 큰 것도 있고, 벌처럼 생긴 것도 있어요. 꿀과 식물의 즙을 먹기도 하고, 피를 빨아 먹기도 해요.

벌
눈과 주둥이의 생김새가 등에와 달라요. 대부분 집을 짓고 여왕벌과 살아요. 꿀을 잘 먹고 다른 곤충을 먹기도 해요.

파리
눈과 주둥이가 등에와 닮았어요. 혼자 돌아다녀요. 뭐든지 잘 먹어요.

등에를 해충으로 분류하는 이유는 무엇일까요?

01 동물의 피를 빨아 먹어서

02 못생겨서

03 병을 옮겨서

04 너무 빨리 날아서

생각 키우기

다른 동물의 피를 빨아 먹는다고 모두 해충은 아니랍니다. 동물의 피를 빨아 먹어도 익충이라 불리는 곤충도 있지요. 그러나 동물의 피를 먹는 곤충들은 대부분 전염병을 옮겨요. 등에는 특히 **탄저병과 야토병, 나가나병 등의 전염병을 옮기기 때문**에 해충으로 분류되지요.

정답 ❸

GUESS 19

누구일까요?

- **첫 번째 힌트** ★ 날아다녀요.
- **두 번째 힌트** ★ 나무 속에서 태어나요.
- **세 번째 힌트** ★ 나무 속살과 즙을 먹어요.
- **네 번째 힌트** ★ 몸집이 크고 더듬이는 길어요.
- **다섯 번째 힌트** ★ 얼굴이 소를 닮았어요.

결정적 힌트: "하늘을 나는 소 닮은 곤충"

Longicorn beetle

하
↓
ㅎ ㄴ ㅅ

- 사는 곳 : 전 세계
- 분 류 : 절지동물문 곤충강 딱정벌레목 하늘소과
- 먹 이 : 나무즙

하늘소

소를 닮아서 붙여진 이름
하늘소

하늘소는 얼굴도 소처럼 생겼지만 기다란 더듬이가 마치 소의 뿔처럼 생겼어요. 게다가 하늘을 날아다니니까 하늘소라고 불린 거겠죠?

하늘소는 애벌레, 성충 가릴 것 없이 모두 나무에 해를 입혀서 해충에 속해요. 하지만 여러 종류 중에서도 장수하늘소라는 아주 귀한 종류도 있답니다. 장수하늘소는 사람들이 하도 많이 잡는 바람에 그 수가 매우 줄어들어 멸종 위기에 처해 있어요. 그래서 우리나라에서는 장수하늘소를 천연기념물로 지정하여 함부로 잡거나 죽이지 못하게 보호하고 있지요.

몸집의 크기를 비교하면, 하늘소와 장수하늘소를 쉽게 구분할 수 있어요. 장수하늘소가 하늘소보다 몸집이 2배나 더 크답니다.

왜 하늘소가 해충이야?

하늘소는 나무 속에 구멍을 파고 그 안에 알을 낳아요. 나무 속에서 알을 깨고 나온 애벌레는 나무의 속살을 갉아 먹어 나무에 해를 끼치지요. 심지어 성충이 되어서도 계속 **나무껍질과 나무즙을 먹고 살아서** 나무가 죽기도 한답니다.

눈이 없으면 어떻게 살지?

하늘소의 애벌레는 눈이 없어서 앞을 보지 못하지만, 턱이 워낙 강하고 튼튼해서 턱으로 움직이며 나무를 갉아 먹고 살아요. 그러다가 점점 자라서 밖으로 나오는 거지요.

하늘소는 멋쟁이!

하늘소 중에는 멋진 모습을 한 친구들이 많아요.

소나무하늘소는 가슴에 뾰족한 가시가 있는가 하면, 엘더베리하늘소는 어깨에 금빛 망토를 걸치고 있어요. 또 수염하늘소는 할아버지의 수염처럼 길고 멋진 더듬이를 가지고 있답니다.

털두꺼비하늘소

남색초원하늘소

붉은산꽃하늘소

다음 중 천연기념물이 아닌 것은 무엇일까요?

01 장수하늘소

02 무당벌레

03 반달가슴곰

04 반딧불이

생각 키우기

국가에서는 살아 있는 숫자가 적어 멸종 위기에 이른 생물을 천연기념물로 정하여 보호하고 있어요. 사람들이 함부로 잡지 못하게 하려는 거지요. **장수하늘소와 반달가슴곰, 반딧불이는 모두 천연기념물로 지정하여 보호**를 받지만, 무당벌레는 아직 수도 많고 키우기도 쉬워서 천연기념물로 지정되지는 않았답니다.

정답 ❷

GUESS 20

누구일까요?

첫 번째 힌트	★ **산길**에서 볼 수 있어요.
두 번째 힌트	★ 몸이 **무지개**처럼 **화려**해요.
세 번째 힌트	★ **성격이 난폭**해요.
네 번째 힌트	★ '**5월의 폭군**'이라는 별명이 있어요.
다섯 번째 힌트	★ **가다 서기를 반복해요.**

결정적 힌트 "길 앞에서 안내하는 듯해요."

Tiger beetle

길

ㄱㅇㅈㅇ

- 사는 곳 : 숲속
- 분　류 : 절지동물문 곤충강 딱정벌레목 길앞잡이과
- 먹　이 : 작은 곤충

127

길앞잡이

길 앞에서 안내하는 것 같아
길앞잡이

길앞잡이라는 이름이 참 특이하지 않나요?

들이나 산길을 걸어갈 때면, 사람들 앞에 서서 조금 날다가 멈춰 서고, 가까이 다가가면 또 포르르 날다가 멈춰 서기를 반복하는 모습이 마치 **길을 안내하는 것처럼 보여**서 사람들이 붙인 이름이랍니다.

그런데 사실 길앞잡이는 길을 안내하는 것이 아니에요. 멀리 날지 못하기 때문에 날다가 서기를 반복하는 것이라고 해요.

길앞잡이는 생김새가 참 멋있어요. **투구**와 **갑옷**의 색도 화려하고, 몸도 미끈하게 잘빠져서 무척 근사하지요. 대부분의 길앞잡이는 화려한 무늬를 가지고 있지만, 수풀 속에서 눈에 잘 띄지 않으려고 주변과 비슷한 색으로 **위장**한 종류도 있답니다.

잘 날지 못해도 달리기는 챔피언!

 길앞잡이는 달리기 선수예요. 얼마나 빠른지 먹이를 잡을 때는 발이 안 보일 정도로 달려가서, 사냥에 실패하는 법이 거의 없지요. 가장 빠른 길앞잡이는 1초에 자기 몸길이의 150배까지 달린대요. 이를 사람의 몸길이에 비례하여 따져 보았더니, 사람으로 치면 **시속 1,000킬로미터**로 달리는 것과 같은 속도라고 해요. 비행기가 하늘로 날아오를 때 내는 것과 같은 속도랍니다. 정말 빠른 곤충이지요?

길앞잡이는 왜 가다 서다 할까?

길앞잡이는 달리는 속도가 너무 빠르다 보니 특이한 버릇이 하나 생겼어요. 먹이를 잡으러 달려가다가 자꾸만 멈춰 서는 거예요. 눈으로 본 물체를 **뇌가 읽어 내는 시간보다 발이 더 빠르기 때문**이랍니다. 목표를 보고 재빨리 달려가긴 했는데, 너무 빨리 달리는 바람에 뇌가 사물을 읽지 못해서 잠시 멈춰 사냥감을 보는 거지요. 눈보다 발이 더 빠른 특이한 곤충이랍니다.

길앞잡이가 빠르게 달릴 수 있는 이유는 무엇일까요?

01 달리기 훈련을 많이 해서

더 빠르게!

02 사냥을 즐기다 보니까

이 정도쯤이야!

03 다리가 많아서

04 다리가 잘 발달되어서

생각 키우기

길앞잡이도 곤충이니까 다리가 6개밖에 안 돼요. 그럼 어떻게 다른 곤충보다 훨씬 더 빨리 달릴 수 있는 걸까요? 과학자들이 연구해 본 결과, 길앞잡이는 **다리가 유난히 잘 발달**되었대요. 게다가 날개가 퇴화한 몇몇 종류를 빼고는 날 수도 있을 정도랍니다.

정답 ❹

GUESS 21

첫 번째 힌트	★ **맑은 물**에서 살아요.
두 번째 힌트	★ **하얀 물**을 내뿜어요.
세 번째 힌트	★ **배 끝에 공기 방울**을 달고 다녀요.
네 번째 힌트	★ **장구벌레**를 잡아먹어요.
다섯 번째 힌트	★ **위험을 느끼면 악취**를 내뿜어요.

결정적 힌트 "지느러미처럼 생긴 뒷다리!"

Diving beetle

물방개

- 사는 곳 : 개울가, 연못
- 분　류 : 절지동물문 곤충강 딱정벌레목 물방개과
- 먹　이 : 죽은 벌레, 작은 벌레

물방개

물에서 첨벙첨벙 수영선수
물방개

물방개는 **딱정벌레목**에 속한 물에 사는 곤충이에요.

곤충이니까 6개의 다리가 있어야 하는데, 물방개는 언뜻 보면 다리가 4개만 있는 것처럼 보여요. 2개의 뒷다리가 헤엄치기 좋게 **지느러미처럼** 생겼기 때문이지요. 그 2개의 뒷다리에 **유영모**라는 털이 나 있어서 더욱 편하게 헤엄칠 수 있도록 돕는답니다.

물방개는 **물**에서 살아요. 하지만 **땅**에서도 살 수 있지요. 원래 육지에서 살다가 물속에 먹이가 훨씬 더 많아서 물속으로 들어간 곤충이기 때문이에요.

곤충은 사람과 다르게 오로지 번식을 위해 먹고 짝짓기를 하며 새끼를 키워요. 그러기 위해서는 **주변 환경**에 어떻게든 **적응**하여 살아남아야 하기 때문에 환경에 따라 **사는 방법을 바꾸기도** 한답니다.

악취 뿡~뿡

물방개의 천적은 두꺼비예요. 두꺼비가 나타나면 잡아먹히지 않으려고 재빠르게 지독한 **악취가 나는 액체를 머리에서 내뿜는답니다.** 그 냄새가 얼마나 지독한지 두꺼비가 삼켰다가도 도로 뱉어 낼 지경이라네요.

끄응...
냄새 때문에
먹을 수도 없고.

날 먹기만
해 봐!

물방개는 익충?

모기 때문에 골치라고? 나만 믿어!

물방개는 육식 곤충이에요. 주로 물속에 있는 동물의 사체나 모기의 유충인 장구벌레를 잡아먹는답니다. 해충을 잡아먹으니 익충이라고 할 수 있지요.

맑은 물에서만 살아!

물방개는 심하게 오염된 물에서는 살지 못해요. 그런데 사람들이 물방개가 사는 논과 밭에 하도 농약을 뿌려 대는 바람에 물방개가 살 수 있는 곳이 줄어들었지요. 그래서 이제는 물방개를 쉽게 볼 수 없게 되었답니다.

물방개는 아가미나 공기주머니가 없어요. 그러면 공기를 어디에 **저장할까요?**

01 콧구멍 속에

02 날개 아래

03 배 안에

04 입 안에

생각 키우기

물방개는 물 밖에서 살다가 물속으로 들어간 곤충이기 때문에 아가미가 없어요. 그래서 물속에 들어갈 때 물자라처럼 공기를 담아서 들어가야 하지요. 물자라는 몸 안에 있는 공기주머니에 공기를 담지만, **물방개는 날개 아래에 공기를 저장해서 물속으로** 들어간답니다. 애물방개처럼 꽁무니에 공기 방울을 달고 다니는 녀석도 간혹 있어요.

정답 ❷

GUESS 22
누구일까요?

첫 번째 힌트	★ 밤에 날아다녀요.
두 번째 힌트	★ 한여름에만 보여요.
세 번째 힌트	★ 성충은 이슬만 먹고 살아요.
네 번째 힌트	★ '개똥벌레'라고도 불러요.
다섯 번째 힌트	★ 짝을 찾기 위해 빛을 내요.

결정적 힌트 : "'반딧불'이라고도 불러요."

Firefly

반

ㅂㄷㅂㅇ

- 사는 곳 : 깨끗한 하천과 습지
- 분 류 : 절지동물문 곤충강 딱정벌레목 반딧불이과
- 먹 이 : 다슬기

반딧불이

반짝이는 불빛은 사랑의 신호
반딧불이

한여름 밤에 물가나 수풀 속에서 반짝이는 빛을 본 적이 있나요? 마치 작은 등불처럼 깜빡이며 이리저리 날아다니는 환상적인 곤충, 바로 반딧불이예요.

예전에는 반딧불이를 개똥처럼 흔히 볼 수 있어서 '개똥벌레'라고도 불렀어요. 하지만 요즘은 환경 오염으로 도시에서는 보기 힘든 곤충이 되어 버렸죠.

반딧불이는 한여름 밤에만 보여요. 7월부터 8월까지 활동하며, 낮에는 돌 틈 같은 곳에서 잠을 자다가 밤에만 날아오르거든요.

반딧불이는 전기도 없이 제 스스로 빛을 내요. 반딧불이의 빛은 몸속에 있는 화학물질로 내는 빛이기 때문에 뜨겁지 않지요. 이 빛은 암컷과 수컷이 짝짓기할 때 서로 보내는 신호랍니다.

 반딧불이

● 반딧불이의 구조

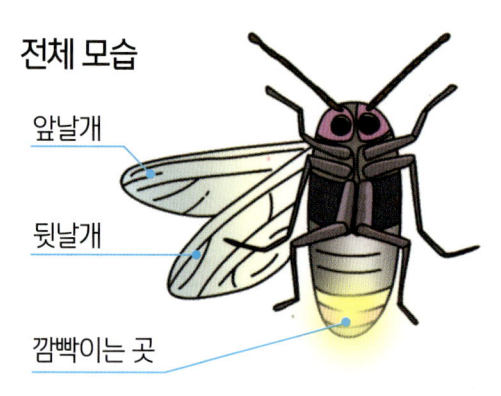

전체 모습
- 앞날개
- 뒷날개
- 깜빡이는 곳

배 부분
- 깜빡이는 곳

수컷은 배의 여섯, 일곱 번째 마디에서 암컷은 여섯 번째 마디에서 빛을 내요.

짝을 찾습니다!

반딧불이가 빛을 깜빡이며 서로 신호를 보내는 것은 **짝짓기**를 하기 위함이에요. 암컷은 주로 풀 위나 나뭇잎 위에 앉아서 배 아랫부분의 불빛으로 수컷을 유혹한답니다. 각자 불빛의 모양이나 세기가 달라서 저마다 자기만의 아름다움을 뽐내지요.

깜빡깜빡 시간이 없어요!

반딧불이는 약 10개월이라는 긴 시간 동안 애벌레로 살아요. 그에 비해 성충이 되어서 세상에 빛을 내며 돌아다니는 기간은 불과 **10~18일** 정도 밖에 안 된답니다.

반짝이는 애벌레

반딧불이는 천연기념물

반딧불이는 우리나라와 일본의 깨끗한 하천과 습지 등에서 살아요. 하지만 **환경이 많이 오염되다 보니 지금은 멸종 위기**에 처해 있지요. 그래서 반딧불이와 반딧불이의 먹이인 다슬기가 많이 사는 전라북도 무주군 설천면 일대의 하천과 습지를 천연기념물로 지정하여 보호하고 있답니다.

반딧불이의 애벌레나 번데기도 빛을 내요. 짝짓기할 때가 아닌데 왜 **빛을 내는 걸까요?**

01 짝짓기를 하고 싶어서

02 원래 반짝이니까

03 미리 연습하려고

04 적을 위협하려고

생각 키우기

반딧불이가 짝짓기를 하려고 성충만 빛을 낼 거라고 생각하기 쉽지만, 사실 짝짓기를 하지 않는 애벌레나 번데기 때도 빛을 내요. 그 이유는 **적에게 잡아먹히지 않으려고 빛을 깜빡여 무섭게 보이려** 하는 것입니다.

GUESS 23

누구일까요?

첫 번째 힌트	★ 꽃을 좋아해요.
두 번째 힌트	★ 낮에 움직여요.
세 번째 힌트	★ 꿀을 빨아 먹어요.
네 번째 힌트	★ 내려앉을 땐 날개를 위로 접어요.
다섯 번째 힌트	★ 아름다운 무늬의 날개가 있어요.

결정적 힌트: "고운 날개 뽐내며 날아요."

Butterfly

나 → 나비

- 사는 곳 : 숲속, 풀밭
- 분　류 : 절지동물문 곤충강 나비목
- 먹　이 : 나뭇잎, 꿀

나비

나풀나풀 아름다운 날개
나비

여러분은 봄이 되면 어떤 곤충이 가장 먼저 생각나나요? 날개를 팔랑이면서 암꽃과 수꽃 사이를 날아다니며 열매를 맺을 수 있게 도와주는 유익한 곤충! 나비가 떠오르지 않나요?

봄비가 내리면 다른 곤충들은 숨기에 바쁘지만, 나비만은 아랑곳하지 않고 꽃 사이를 날아다녀요. 물에 젖지 않는 얇은 비늘이 날개를 덮고 있기 때문이랍니다.

예쁘고 화려한 색의 날개를 가진 나비를 싫어하는 사람은 없을 거예요. 그래서 산으로 들판으로 나비를 찾아 다니는 사람들도 많답니다. 특히 함평이라는 고장에서는 나비에게 좋은 환경을 꾸며 놓고 해마다 나비 축제를 열기도 하지요. 나비는 그 종류도 다양하고, 종류마다 제각기 멋진 날개를 뽐내는 아름다운 곤충이랍니다.

나비가 팔랑거리는 이유?

나비는 새와 달리 스스로 공중 위로 떠오를 수 없어요. **바람을 타야**만 날아오를 수 있지요. 그래서 나비는 바람결에 날개를 팔랑거리면서 나는 거예요. 날개를 펼치면 바람이 날개를 받쳐 주어 올라갈 수 있고, 날개를 접으면 아래로 내려가지요. 그렇기 때문에 땅바닥으로 떨어져 날개가 망가지면 나비는 다시 날아오를 수 없게 된답니다.

호랑나비의 대롱

나비

나는 낮이 좋아!

나비는 **주로 낮에** 활동해요. 나비처럼 생겼는데 밤에 활동하는 곤충을 보았다면, 아마 그 곤충은 나비가 아니라 나방이었을 거예요.

● 나비의 변태

❶ 나비의 알
❷ 애벌레
❸ 번데기
❹ 번데기에서 탈피하는 성충의 모습

은줄표범나비

왕팔랑나비

작은주홍부전나비

굴뚝나비

줄점팔랑나비

나비가 꽃을 좋아하는 이유는 무엇일까요?

01 꽃이 예뻐서

02 꽃의 향기가 좋아서

03 꽃의 꿀이 좋아서

04 꽃의 감촉이 좋아서

생각 키우기

나비가 꽃을 좋아하는 이유는 **꽃에 있는 꿀 때문이에요. 꿀을 찾아 이 꽃 저 꽃을 날아다니는 거지요.** 이때 꽃의 수술에 있던 꽃가루가 나비의 몸에 묻게 되고, 나비가 날아서 같은 종류의 다른 꽃에 앉으면 꽃가루가 암술과 만나서 수정이 된답니다. 그러니까 꽃과 나비는 사이좋게 서로 돕고 사는 거지요.

정답 ❸

GUESS 24

누구일까요?

- **첫 번째 힌트** ★ **날아**다녀요.
- **두 번째 힌트** ★ **날개를 펼친 채** 내려앉아요.
- **세 번째 힌트** ★ **나비처럼 날개가 예뻐**요.
- **네 번째 힌트** ★ **주로 밤에 활동**해요.
- **다섯 번째 힌트** ★ **달빛 따라 날아**다녀요.

결정적 힌트 "**불빛을 아주 좋아해요.**"

Moth

나 → ㄴㅂ

- 사는 곳 : 수풀, 애벌레는 식물의 줄기 안
- 분　류 : 절지동물문 곤충강 나비목
- 먹　이 : 식물의 잎이나 줄기

151

나방

깜깜한 밤 달빛 바라기
나방

나방은 대부분 밤에 활동해요.

나방은 어두운 밤에 이리저리 날아다니다가 불빛을 보면 달려드는 습성을 가지고 있어요. 이러한 습성은 불을 좋아해서가 아니라, 나방이 달빛을 기준 삼아 날아다니는 곤충이기 때문이랍니다. 불빛을 보면 달빛인 줄로 착각해서 나선형으로 회전하며 달려드는 거지요.

나방은 나비와 비슷하게 생겼지만, 나비와 달리 해충으로 여겨지는 경우가 많아요. 나비는 대부분 꿀을 먹고 사는 반면, 나방은 나뭇잎이나 줄기를 먹고 살아서 농작물에 피해를 주기 때문이지요. 특히 식물의 줄기 안에 알을 낳아서 식물을 해치기도 한답니다. 그래서 농사를 짓는 사람들은 나방을 몹시 싫어하지요.

나방을 만지고 눈을 비비면 눈이 붓는다고?

나방 중에는 날개에 독을 가지고 있는 종류가 있어요. 그런 나방의 날개를 만지고 난 후, 손을 씻지 않은 채 눈을 비비면 눈이 퉁퉁 붓고 아프답니다. 그럴 때는 빨리 병원에 가야 해요.

나방의 날개 확대

● 나방의 종류

큰쌍줄푸른밤나방    창포그림날개나방    홍띠애기자나방

나비와 나방은 어떻게 다르지?

나비는 주로 낮에 날아다니고, 나방은 밤에 날아다녀요. 하지만 외국에는 낮에 활동하는 나방도 있다고 해요.

그럴 땐 어떻게 구분할까요?

내려앉을 때, 날개를 옆으로 펼치는지 위로 접는지를 확인해 보면 알 수 있어요. **나방은 날개를 펼친 채** 내려앉고, **나비는 날개를 접은 채** 내려앉는답니다.

나방

나비

흰무늬왕불나방

세줄첨가지나방

먹세줄흰가지나방

노랑날개무늬가지나방

나방은 왜 불만 보면 달려드는 걸까요?

01 삶이 괴로워서

02 태양인 줄 알고

03 달빛인 줄 알고

04 추워서

생각 키우기

나방은 달빛을 기준점으로 삼아 날아다니는 곤충이에요. 달이 떠 있는 높이나 방향 등을 보고 자신의 위치와 방향을 파악하지요. 그런데 가까운 곳에 달빛보다 더 **밝은 불빛이 보이면 달빛인 줄로 착각하고 그 불빛을 기준점으로 날게 되어** 뱅글뱅글 점점 작은 원을 그리면서 달려드는 거랍니다.

정답 ❸

- **첫 번째 힌트** ★ 풀숲에서 살아요.
- **두 번째 힌트** ★ 날개가 짧아 날지 못해요.
- **세 번째 힌트** ★ 몸은 녹색과 갈색이에요.
- **네 번째 힌트** ★ 생김새가 넓적한 풀잎 같아요.
- **다섯 번째 힌트** ★ '씨르래기'라고도 불러요.

 **결정적 힌트** "날개를 비벼서 울어요."

Long-horned grasshopper

여 → ㅇㅊ

- 사는 곳 : 평지의 강변 둑이나 논두렁의 풀숲
- 분 류 : 절지동물문 곤충강 메뚜기목 여치과
- 먹 이 : 살아 있는 곤충

여치

여름 풀밭의 연주자
여치

"씨르르르~ 씨르르르르~"

한여름 낮에 시골의 풀숲이나 나무 그늘에 앉아 있으면 여치가 들려주는 시원한 음악을 들을 수 있어요.

하지만 막상 여치를 찾아 나서면 쉽게 찾을 수 없어요. 낮에 들리는 수컷의 울음소리는 주로 암컷을 부르는 소리인데, 밝은 낮에 큰소리로 암컷을 불러야 하니까 천적에게 들키기 쉽겠지요? 그래서 자신을 숨기려고 위장하기 때문이에요.

여치는 풀잎처럼 넓적한 생김새에 초록색을 띠고 있어요. 언뜻 보면 풀잎처럼 보이지요. 갈색을 띤 여치도 있는데, 흙이나 나뭇가지와 비슷하기 때문에 역시 잘 보이지 않는답니다. 여치의 이빨은 곤충의 것이라고 하기에는 무척 날카로워서 먹이를 잘 잡아요.

땅속에 알을 낳는 여치

여치는 산란관*을 땅에 깊게 꽂은 후 알을 낳아요. 그러나 한 곳에 집중해서 낳는 게 아니라 한 번에 하나씩 띄엄띄엄 사이를 두고 낳는답니다. 알에서 깨어난 애벌레들이 너무 비좁지 않게 하려는 거예요.

* **산란관** : 일부 곤충의 배 끝에 있는 관 모양의 기관.

여치의 날개는 왜 빠질까?

여치의 날개는 날기 위한 것이 아니라 **소리를 내기 위한** 거예요. 그래서 수컷 여치가 애벌레 과정을 거쳐서 어른 여치가 되면 발음기관이 있는 앞날개만 빼고 모두 빠져 버린답니다.

여치의 먹성은 대단해!

여치는 **먹성이 아주 대단한 곤충**이에요. 주로 작은 곤충을 잡아먹지만, 지렁이나 청개구리를 잡아먹기도 하고, 같은 종족을 잡아먹기도 하지요. 뒷다리는 까칠까칠해서 **나무나 풀을 꽉 잡고 버틸 수 있는 데다가**, 높이 뛰어오를 수도 있어서 풀쩍풀쩍 뛰어다니며 곤충들을 먹어 치워요. 작은 곤충들에게 여치는 아주 무서운 천적이랍니다.

이리 와!

도망가자!

한 곳에서 여러 마리의 여치를 함께 기르면 안 돼요. 왜 그럴까요?

01 종족끼리도 잡아먹어서

02 혼자 있는 걸 좋아해서

03 비좁으면 싫어해서

04 너무 시끄러워서

생각 키우기

여치는 잡식성이지만 육식을 더 즐긴답니다. 주로 작은 곤충이나 벌레를 먹고 사는데 자기보다 몸집이 큰 청개구리를 잡아먹기도 해요. 게다가 아주 사나워서 **배가 고프면 자기 동료를 잡아먹기도** 한답니다. 그래서 한 곳에서 여러 마리를 같이 키우면 안 되는 거예요.

정답 ❶

GUESS 26

누구일까요?

첫 번째 힌트	★ **날아**다녀요.
두 번째 힌트	★ 위험하면 **고약한 냄새를** 풍겨요.
세 번째 힌트	★ **울긋불긋 날개가 화려**해요.
네 번째 힌트	★ 날개 **무늬가 무당 옷차림** 같아요.
다섯 번째 힌트	★ **진딧물을 먹고 살아요.**

결정적 힌트 "여러 개의 점이 있어요."

Ladybug

무
↓
ㅁㄷㅂㄹ

- 사는 곳 : 숲이나 풀밭
- 분   류 : 절지동물문 곤충강 딱정벌레목 무당벌레과
- 먹   이 : 진딧물, 해충의 애벌레

무당벌레

알록달록 화려한 점무늬 날개
무당벌레

곤충 중에서 우리에게 이로운 곤충은 **익충**이라고 부르고, 해로운 곤충은 **해충**이라고 불러요.

무당벌레는 익충이에요. 밭에 있는 농작물을 괴롭히는 **진딧물***이나 **깍지벌레, 잎벌레** 등의 애벌레를 잡아먹어서 농약과 다름없는 역할을 해 주거든요. 특히 장미나 무궁화는 진딧물이 들끓어 제대로 자라기조차 어려울 지경인데, 무당벌레가 하루에도 몇 만 마리의 진딧물을 잡아먹어 주니까 참 고마운 존재라고 할 수 있지요. 그래서 프랑스에서는 날지 못하는 무당벌레만 길러서 농약 대신 사용하기도 했답니다.

몸집도 작고 색깔도 예쁜 데다가 무늬도 알록달록한 무당벌레가 우리에게 도움까지 주다니, 정말 기특하지 않나요?

---

* **진딧물** : 나뭇가지나 잎, 풀 등에 붙어 진을 빨아 먹는 진딧물과의 곤충.

무당벌레의 알 낳기

무당벌레는 **진딧물이 많이 모여 있는 나뭇가지**나 풀 줄기를 찾아 알을 낳아요. **한 번에 30~40개의 알**을 낳지만, 다른 동물들이 애벌레를 잡아먹기 때문에 한두 마리만 살아남아 성충이 된답니다.

어릴 때는 못생긴 무당벌레

성충이 된 무당벌레는 참 귀엽게 생겼는데, 애벌레일 때는 그렇지 않아요. 다른 어떤 곤충보다도 훨씬 더 못생긴 모습을 하고 있다가, 성충이 되면 우리가 알고 있는 알록달록한 모습으로 변하는 거랍니다.

●무당벌레의 변태

❶ 무당벌레의 알	❷ 어두운 색을 띤 애벌레	❸ 무당벌레 번데기	❹ 완전히 탈피한 성충

겨울잠? 여름잠?

무당벌레는 겨울잠을 자기도 하고, 여름잠을 자기도 해요. 먹이가 부족한 겨울 동안 살아남기 위해 **대부분 겨울잠**을 자는데, 유독 **칠성무당벌레는 여름잠**을 잔다고 해요. 뜨거운 여름 햇살을 피해 그늘 밑에 숨어 잠을 자며 여름을 보낸답니다.

겨울잠을 자는 남생이무당벌레

●무당벌레의 날개 펴기

몸을 보호하는 딱딱한 앞날개를 들고, 그 속에 돌돌 말려 있던 얇은 뒷날개를 활짝 펼치며 날아올라요.

무당벌레는 왜 눈에 띄는 색을 지니고 있을까요?

01 배짱이 좋아서

02 몸을 보호하려고

03 예쁘게 보이려고

04 바보 같아서

생각 키우기

무당벌레의 **화려한 무늬는 자기의 몸을 보호하려는 거예요.** 눈에 띄는 색깔과 **무늬는 독이 있음을 알리는 표시**거든요. 실제로 무당벌레의 몸에는 독이 있어서, 위험을 느끼면 몸에서 아주 고약한 냄새를 뿜는답니다. 그래서 곤충을 좋아하는 새들도 무당벌레를 잘 먹으려고 하지 않지요.

정답 ❷

GUESS 27 누구일까요?

- **첫 번째 힌트** ★ **명주실을 뽑으려고** 길렀어요.
- **두 번째 힌트** ★ 애벌레 때는 **뽕잎을 먹고 자라요**.
- **세 번째 힌트** ★ 여러 번 **허물을 벗어요**.
- **네 번째 힌트** ★ 입에서 **실을 토해 고치를 만들어요**.
- **다섯 번째 힌트** ★ 고치 속에서 번데기가 돼요.

결정적 힌트 "애벌레는 '누에'예요."

Silkworm moth

누
↓
ㄴㅇㄴㅂ

- 사는 곳 : 뽕나무 밭
- 분　류 : 절지동물문 곤충강 나비목 누에나방과
- 먹　이 : 뽕잎

누에나방

명주실 뽑아내는 애벌레
누에나방

옛날부터 옷감 중에서 가장 귀하게 여겨온 옷감은 비단이에요. 비단은 **명주실**이라고 하는 아주 부드러운 천연의 실로 짜는데, 그 명주실을 **누에나방의 애벌레**가 만들어 내지요.

누에나방의 애벌레는 조그만 알에서 태어나요. 색이 까맣고 잔털이 많이 나서 귀엽지는 않지만, 허물을 여러 번 벗으면서 점점 투명한 모습으로 자란답니다. **4번이나 허물을 벗고 나면** 입에서 실을 토해 **고치**를 만들어요. 그 고치 안에서 번데기가 되었다가 성충이 되면 고치를 뚫고 밖으로 나오는 거지요.

사람들은 누에가 좋아하는 **뽕나무 밭**을 만들어 누에를 기르고, 누에가 만든 고치를 가져다가 비단이라는 옷감을 만든답니다.

실이 어디서 나올까?

누에나방의 애벌레는 번데기가 될 때, 자기 몸을 보호하기 위해 **입에서 실을 뽑아** 고치를 지어요. 그 고치를 실로 만든 것이 명주실이랍니다. 명주실을 다시 천으로 만들면 비단이 되지요.

● 누에고치로 비단을 만드는 방법

❶ 성충이 빠져나간 빈 고치를 뜨거운 물에 넣어요.

❷ 고치가 뜨거운 물에서 풀리면 끝부분을 찾아 실타래에 감아요.

❸ 얇은 실을 겹쳐서 꼬면 명주실, 천으로 지으면 비단 완성!

나방은 왜 콧수염이 있을까?

 모든 나방에는 아주 멋진 콧수염이 달려 있어요. 누에나방도 마찬가지예요. 그런데 이 콧수염은 장식이 아니라 자신을 보호하기 위해 있는 것이랍니다. 콧수염에 **촉각**과 **후각**이 발달되어 있어, 천적을 피하거나 먹이를 잡는 데 이용하지요.

아직 어린 누에나방 애벌레

고치를 만들고 있는 애벌레

누에나방은 어떻게 고치에서 나올까요?

01 이로 뜯어서

02 앞발로 뜯어서

03 어미가 꺼내 줘서

04 침으로 적셔서

생각 키우기

누에나방은 고치를 만들고, 그 안에서 번데기로 있다가 성충이 되면서 밖으로 나와요. 이때 **자신의 침으로 고치를 적셔 말랑말랑하게 만든 후에 고치를 뚫고 나온답니다.** 그리고 사람들은 성충이 빠져나간 빈 고치를 가져다가 명주실을 얻는 거예요.

정답 ❹

GUESS 28

누구일까요?

첫 번째 힌트	★ 곤충 등을 잡아먹어요.
두 번째 힌트	★ 머리를 앞뒤로 움직일 수 있어요.
세 번째 힌트	★ 먹이를 산 채로 뜯어 먹어요.
네 번째 힌트	★ 동족을 먹기도 해요.
다섯 번째 힌트	★ 낫처럼 생긴 앞발로 먹이를 잡아요.

결정적 힌트 "사나운 사냥꾼이에요."

Mantis

사 → ㅅㅁㄱ

- 사는 곳 : 풀밭이나 숲속
- 분   류 : 절지동물문 곤충강 사마귀목 사마귀과
- 먹   이 : 곤충, 작은 동물

175

사마귀

곤충 나라의 무서운 사냥꾼
사마귀

　다른 말로 버마재비라고도 불리는 사마귀는 대부분 날개가 4개지만, 2개뿐이거나 아주 퇴화하여 없는 종류도 있어요. 그래도 곤충들의 세계에서는 무서운 곤충 중 하나로 손꼽힌답니다. 쉬지 않고 사냥하고 또 사냥하는 무서운 사냥꾼이거든요.

　사마귀는 먹성이 매우 좋아요. 곤충뿐만 아니라 개구리, 심지어는 도마뱀까지도 잡아먹지요.

　식성도 특이해서 죽은 것은 먹지 않고 산 채로만 잡아서 신경을 마비시킨 다음에 먹어요. 그래서 다른 곤충들이 사마귀를 만났을 때 잡아먹히지 않기 위해서는 죽은 척하는 게 최고지요.

　재미있는 사실은 사마귀 자신도 천적을 만나면 얼른 죽은 척한다는 점이랍니다.

 사마귀

얕보지 말라고!

사마귀는 **불완전변태**를 해요. 번데기 과정을 거치지 않고 유충이 몇 차례 허물을 벗으며 자라 성충이 되지요. 사마귀는 한 번에 알을 200개씩 낳는데, 결국 성충이 되는 것은 몇 마리 되지 않아요. **어린 사마귀**는 성충 사마귀와 모습은 비슷하지만 **힘이 약해**서 다른 곤충에게 쉽게 잡아먹히기 때문이지요. 하지만 일단 성충이 되고 나면 누구보다 무서운 곤충이 되니까 우습게 보아선 안 된답니다.

뭐든 잡아먹는 사마귀

사마귀는 먹는 것을 너무 즐겨서 짝짓기를 한 후에 **암컷이 수컷을 잡아먹기도** 해요. 알을 낳을 때 필요한 **영양분**을 충분히 먹어 두려는 것이지요. 수컷은 암컷에게 잡아먹힐 것을 알면서도 기꺼이 짝짓기를 하곤 한답니다.

놀라운 사마귀의 눈!

사마귀는 고개를 180도까지 돌릴 수 있어서 등 뒤에 있는 먹이도 볼 수 있어요. 게다가 움직이는 먹이와 그 배경을 따로 볼 수 있는 능력이 있어서 훨씬 쉽게 **먹이의 움직임**을 알아챌 수 있지요. 또 다른 곤충과는 달리 사물의 거리를 입체적으로 가늠할 수 있어요. 마치 공룡 세계의 티라노사우루스처럼 최고 사냥꾼에 걸맞은 신체 조건을 가지고 있답니다.

●사마귀의 탄생과 성장

❶ 나뭇가지에 낳은 알　❷ 허물을 벗으며 자라는 어린 사마귀　❸ 짝짓기를 하는 사마귀　❹ 매미를 사냥한 사마귀

사마귀는 물에 뛰어들어 자살을 하기도 해요. 그 이유는 **무엇일까요?**

01 화가 나서

02 알을 낳았으니까

03 몸속의 기생충 때문에

04 배가 고파서

생각 키우기

사마귀 몸에는 **'연가시'라고 부르는 선충이 기생**할 수 있어요. 연가시는 다 자랄 때까지 메뚜기, 사마귀 따위의 몸에서 기생하는데, 몸길이가 1미터까지도 자라는 무시무시한 기생충이지요. 게다가 자기 알을 물에 낳으려고 사마귀의 신경을 자극해서 사마귀를 물로 뛰어들게 한답니다.

정답 ❸

GUESS 29

누구일까요?

첫 번째 힌트	★ 날아다녀요.
두 번째 힌트	★ 벌의 한 종류예요.
세 번째 힌트	★ 애벌레 때는 다른 애벌레를 먹어요.
네 번째 힌트	★ 성충이 되면 꿀을 먹어요.
다섯 번째 힌트	★ 진흙으로 집을 지어요.

결정적 힌트 "호리병처럼 생긴 벌"

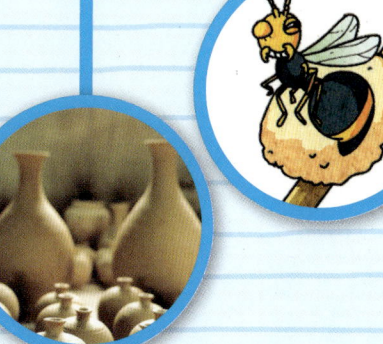

Potter wasp

호 → ㅎㄹㅂㅂ

- 사는 곳 : 숲속
- 분　류 : 절지동물문 곤충강 벌목 호리병벌과
- 먹　이 : 애벌레, 꿀

호리병벌

흙집 짓는 최고의 건축가
호리병벌

　우리 조상들은 **황토**가 좋다는 걸 일찍부터 깨달아 황토로 집을 지었어요. 그런데 사람처럼 황토의 이로움을 알고 **황토집**을 지은 곤충이 있어요. 바로 호리병벌이랍니다.

　유명한 곤충학자인 파브르는 벌의 한 종류인 호리병벌에 대해, 이 세상에서 **가장 집을 잘 짓는 곤충**이라고 말한 바 있어요. 그만큼 호리병벌은 집을 잘 짓기로 소문난 곤충이랍니다.

　물론 좋은 집에 살고 싶어서 황토집을 짓는 것은 아니에요. **알**을 낳기 위해서지요. 호리병벌은 황토로 지은 집에 **나방류의 애벌레**를 잡아서 넣고 그 옆에 알을 낳아요. 그러면 알에서 깬 호리병벌의 애벌레는 부모가 잡아 놓은 먹이를 먹으며 자란답니다.

왜 이름이 호리병벌일까?

호리병벌은 아주 가느다란 허리가 호리병과 닮았어요. 마치 **호리병에 날개가 달린 듯**한 모습이어서 호리병벌이라는 이름이 붙었지요. 또 호리병 모양의 집을 지어서라는 설도 있어요. 모습도 호리병, 지은 집도 호리병 모양이네요. 호리병벌은 검은색 바탕에 군데군데 노란색 줄무늬가 있으며, 몸길이는 약 1.5센티미터나 되어 벌 중에서도 큰 벌에 속하지요. 그래서 다른 곤충의 애벌레도 쉽게 잡아 운반할 수 있는 거랍니다.

● **호리병벌의 집 짓기**

❶ 나무에 컵 모양으로 진흙을 둥글게 바른다.
❷ 윗부분에 동그랗게 구멍을 낸다.
❸ 구멍 속에 알을 낳는다.
❹ 구멍을 막고 집을 하나 더 만든다.
❺ 먹이가 될 애벌레를 잡아넣는다.
❻ 입구를 막는다.

호리병벌은 건축가

호리병벌은 **황토로 집**을 지어요. 처음에는 집에 동그랗게 구멍을 내어 입구를 만들지만, 알을 낳고 나방류의 애벌레를 잡아 집 안에 넣은 후에는 입구를 막아 버리지요.

그래도 황토집은 공기가 통하기 때문에 애벌레가 알에서 나와도 질식할 염려가 없어요. 부모가 저장해 둔 먹잇감을 먹으면서 잘 자라지요. 다른 곤충의 애벌레를 먹는 것은 어릴 때뿐이에요. 어른이 되면 **꽃의 꿀을 빨아 먹고** 산답니다.

호리병벌이 잡아 놓은 나방류의 애벌레는 왜 호리병벌의 애벌레에게 잡아먹힐까?

01 워낙 순해서

02 호리병벌의 애벌레가 힘이 세서

03 호리병벌의 애벌레가 징그러워서

04 몸이 마비되어서

생각 키우기

호리병벌은 나방류의 애벌레를 잡아서 침으로 마취시킨 후 황토집 안에 넣는답니다. 그러면 알에서 부화한 호리병벌의 애벌레가 온몸이 마비되어 움직일 수 없는 먹잇감을 잡아먹는 거예요. 아예 죽이지 않고 마취만 시키기 때문에 상하지 않은 싱싱한 먹잇감이 된답니다.

정답 ❹

GUESS 30

누구일까요?

첫 번째 힌트	★ 날아다녀요.
두 번째 힌트	★ 어릴 때는 물속에서 살아요.
세 번째 힌트	★ 먹이를 통째로 씹어 먹어요.
네 번째 힌트	★ 곤충 중 눈이 가장 좋아요.
다섯 번째 힌트	★ 곤충 중 가장 빠르게 날아요.

결정적 힌트 "고추○○○"

Dragonfly

잠

ㅈㅈㄹ

- 사는 곳 : 연못, 논
- 분　류 : 절지동물문 곤충강 잠자리목
- 먹　이 : 작은 물고기, 곤충

잠자리

멋진 그물 날개의 비행사
잠자리

　사람들은 헬리콥터를 잠자리비행기라고 부르기도 해요. 그 모양이 잠자리와 똑 닮았기 때문이지요. 이렇게 잠자리는 비행하기 좋은 **기다란 몸과 날개**를 가졌어요. 다른 어떤 곤충보다 속도도 빠르고 오랫동안 날 수 있지요.

　잠자리는 **아주 오래된 곤충**이에요. 공룡이 이 세상을 지배하던 **쥐라기 시대**에도 살았을 정도니까요. 고대의 잠자리를 아니소지고프테라(Anisozygoptera)라고 하는데, 화석을 보면 그때의 잠자리는 지금보다 몇 백 배는 더 컸다는 것을 알 수 있어요.

　잠자리는 머리가 크고, 입이 잘 발달해서 눈 깜짝할 사이에 **먹이를 통째로 씹어 먹지요**. 작은 몸집과 달리 힘도 센 데다가, 어찌나 빠른지 1초에 10미터를 날아갈 수도 있고, 그 작은 날개로 바다를 건너기도 한대요. 참 대단한 곤충이지요?

고추잠자리는 왜 빨간색일까?

고추잠자리가 처음부터 빨간색을 띠는 것은 아니에요. 자라면서 점차 몸의 색깔이 변하다가, 가을철 짝짓기를 할 때가 되면 수컷 잠자리의 몸이 빨간색으로 변하는 거지요. **암컷 잠자리를 유혹**하려고 몸 색깔을 바꾸는 거예요. 모든 잠자리가 변하는 것은 아니고 고추잠자리 종류만 변한답니다.

눈이 2만 개라고?

잠자리의 눈은 위아래는 물론이고 뒤까지도 볼 수 있게 되어 있어요.

시력도 좋아서 20미터 앞에 있는 물체의 움직임도 볼 수 있지요. 잠자리의 눈은 2개의 겹눈과 3개의 홑눈으로 이루어져 있는데, **겹눈에 있는 낱눈은 무려 2만 개**가 넘는답니다.

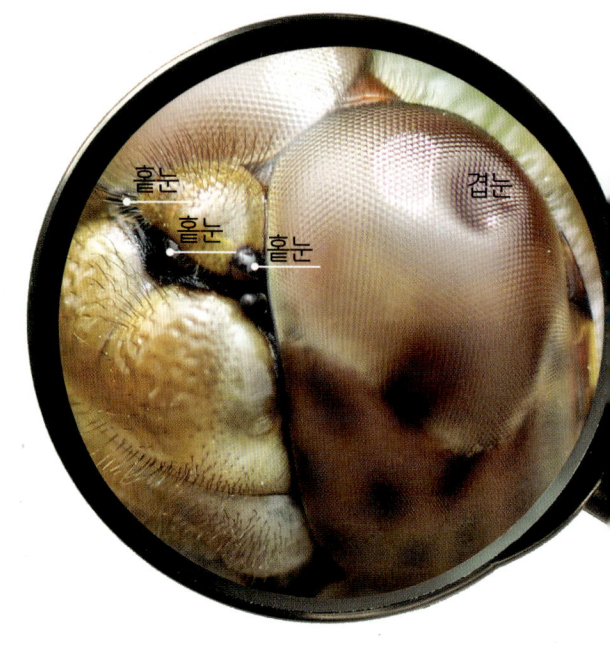

물속에 알을 낳는 잠자리

잠자리는 물속에 알을 낳아요. 그러면 알에서 깨어난 **수채** 혹은 **학배기**라고 불리는 잠자리의 애벌레가 물속에서 아가미로 숨을 쉬며 작은 곤충이나 올챙이, 물고기를 먹고 산답니다. 다 자라 어른이 되면 물 밖으로 기어 올라와서 허물을 벗고 잠자리가 되어 하늘을 날지요.

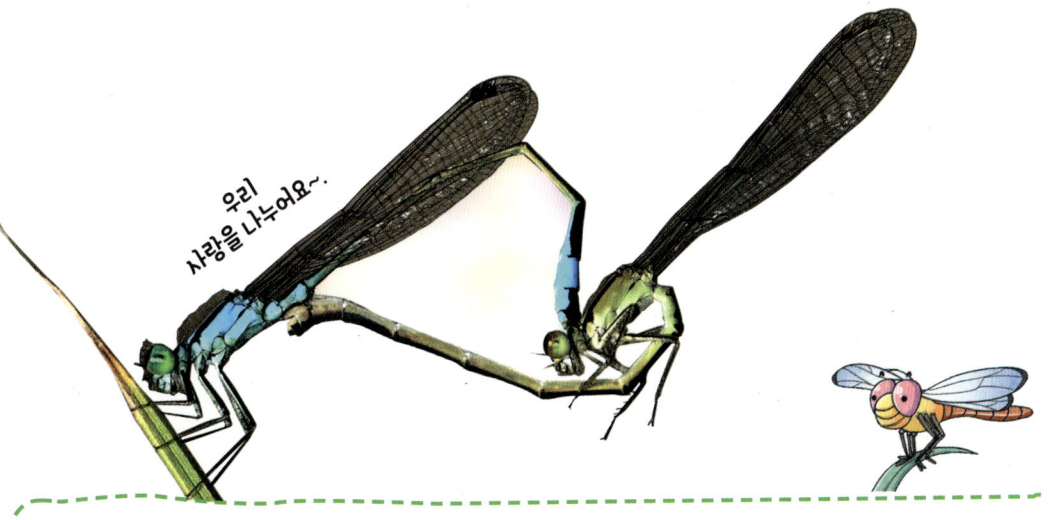

우리 사랑을 나누어요~.

●잠자리의 변태

❶ 물속에 있는 잠자리 애벌레

❷ 탈피를 하고 있는 모습

❸ 탈피 후 날개를 펴기 전 모습

❹ 날개를 펴서 말리는 성충

잠자리는 수직으로 날아오르고 자유롭게 방향을 바꿀 수 있어요. 무엇 때문일까요?

01 날개의 힘이 좋아서

02 날개가 가벼워서

03 날개가 커서

04 날개가 따로따로 움직여서

생각 키우기

잠자리는 지구에서 가장 먼저 날아다녔을 뿐 아니라, 가장 잘 날아다니는 곤충이에요. 특히 **4개의 날개가 따로따로 움직이기 때문에 마음대로 방향을 바꿀 수 있지요.** 또 잠자리의 날개는 아주 얇지만 주름이 있어서, 공기가 그 사이로 지나가면서 더 큰 양력*을 얻을 수 있어요. 그래서 날개를 움직이지 않고도 먼 거리를 날 수 있지요.

* **양력** : 날아가는 물체에 수직으로 작용하는 힘.

정답 ❹

GUESS 31 누구일까요?

첫 번째 힌트	★ 날아다녀요.
두 번째 힌트	★ 꽃을 좋아해요.
세 번째 힌트	★ 여왕이 다스려요.
네 번째 힌트	★ 로열젤리*를 만들어요.
다섯 번째 힌트	★ 육각형의 집을 지어요.

* 로열젤리 : 여왕벌이 될 새끼를 기르기 위해서 꿀벌이 만들어 낸 액체.

결정적 힌트 "꿀을 모아요."

Honeybee

꿀벌

- 사는 곳 : 숲속
- 분　류 : 절지동물문 곤충강 벌목 꿀벌과
- 먹　이 : 꿀

꿀벌

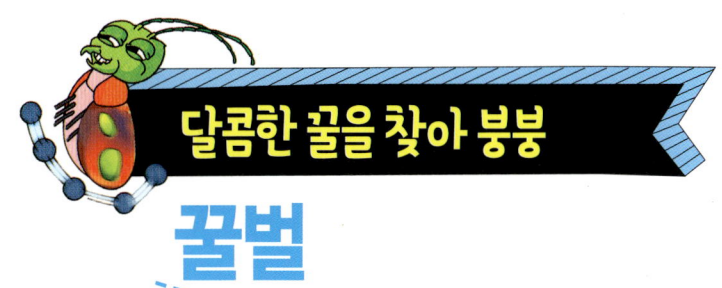
달콤한 꿀을 찾아 붕붕
꿀벌

　꿀벌은 **무리**를 이루어 살아요. 한 마리의 **여왕벌**을 중심으로 여러 마리의 **수벌**과 대다수의 **일벌**이 체계적으로 맡은 역할을 수행하며 살아가지요.

　꿀벌의 사회를 잘 들여다보면, 아주 잘 **조직된 사회생활**을 한다는 걸 알 수 있답니다. 특히 일벌은 꽃 사이를 다니며 꿀과 꽃가루를 모아 **벌집**에 저장하기도 하고, 여왕벌을 위해 **로열젤리**라는 영양제를 만들기도 하면서 제 역할을 톡톡히 해내지요.

　그게 전부가 아니에요. 애벌레를 돌보는 유모벌도 있고, 벌집 구석구석을 청소하는 청소벌도 있고, 꿀이 어디 있는지 찾아다니는 정찰벌도 있고, 적이 쳐들어오면 나가서 용감하게 싸우는 병정벌도 있어요.

　꿀벌은 우리에게 꿀도 주고, 꽃이 짝짓기를 하도록 도와주기도 하는 아주 고마운 곤충이랍니다.

꿀벌은 어떻게 집을 지을까?

벌집은 일벌의 몸에서 나오는 **밀랍***으로 지어진 거예요. 육각형의 작은 방들을 마치 아파트처럼 다닥다닥 붙여 그 안에 갖가지 필요한 방을 만든답니다. 여왕벌이 지낼 '왕대'라고 부르는 방을 가장 먼저 짓지요.

* **밀랍** : 벌집을 만들기 위해 꿀벌이 분비하는 물질.

꿀벌의 사회

꿀벌의 사회는 개미와 비슷해요.

봄이 되면 **여왕벌**이 하루에 약 2,000~3,000개의 알을 낳아요. 그중 **일벌**들은 청소, 애벌레 시중, 문 지키기, 꽃가루와 꿀 모으기 등의 궂은 일을 도맡아서 하지요. 일벌은 그렇게 일만 하다가 불과 한 달이 지나면 죽는답니다.

그 후 4월이나 5월쯤, **수벌**이 태어나서 여왕벌과 결혼비행을 하며 짝짓기를 해요.

꿀벌은 왜 춤을 출까?

벌들은 춤을 아주 잘 춰요. **먹이가 있는 위치나 적이 나타났다**는 것을 알리기 위해 춤을 추기도 하고 근사한 곡예를 펼치기도 하지요.

8자춤 : 집에서 100미터 밖에 있는 먹이의 위치와 양을 알려 줘요.

원형춤 : 집 근처 90미터 안에 있는 먹이의 위치와 양을 알려 줘요.

꿀벌은 왜 육각형으로 집을 지을까요?

01 멋있으니까

02 동그랗게 짓기 힘들어서

03 빈틈없이 지으려고

04 다른 모양을 몰라서

생각 키우기

꿀벌이 집을 육각형으로 만드는 이유는 **빈틈이 없게 하여 공간을 최대한 활용**하려는 거랍니다. 동그란 모양이면 방과 방 사이에 공간이 생기고, 사각형이면 방 안에 쓸모없는 공간이 생기지요. 그래서 공간을 가장 효율적으로 사용할 수 있는 육각형으로 집을 짓는 거랍니다.

정답 ❸

 누구일까요?

첫 번째 힌트	★ 소나 말이 있는 곳에 살아요.
두 번째 힌트	★ 자연의 청소부예요.
세 번째 힌트	★ 똥 속에 알을 낳아요.
네 번째 힌트	★ 똥을 먹으며 자라요.
다섯 번째 힌트	★ 똥을 동그랗게 만들어요.

 결정적 힌트 "쇠똥을 굴려요."

Dung beetle

소

ㅅ ㄸ ㄱ ㄹ

- 사는 곳 : 숲, 목초지
- 분　류 : 절지동물문 곤충강 딱정벌레목 소똥구리과
- 먹　이 : 동물의 똥

소똥구리

똥이 좋아 똥을 굴려
소똥구리

곤충들은 식성이 참 다양해요. 나무즙을 먹기도 하고, 시체를 먹기도 하고, 꽃가루를 먹기도 하지요. 그중에는 **동물의 똥**을 먹는 곤충도 있어요. 바로 소똥구리예요.

소똥구리는 똥을 정말 좋아해서 똥만 보면 열심히 모아 집으로 가져가요. 똥을 모을 때도 어찌나 정성스러운지 불순물을 잘 골라내면서, 마치 사람이 **경단을 빚는 것**처럼 예쁜 공 모양으로 둥글게 말아요. 그러고 나서 뒷다리로 똥을 굴려 땅속에 파 놓은 자기 집으로 가져간 다음, 그 속에 **알**을 낳는 거예요. 그러면 알에서 태어난 애벌레도 **똥을 먹으며 자라**요.

편평하고 둥근 몸으로 쇠똥을 굴리는 소똥구리의 모습은 참 귀여워요. 하지만 지금은 수가 적어져서 소똥구리를 찾아보기가 어려워졌답니다.

 소똥구리

소똥구리가 쇠똥을 예쁘게 빚는 이유는?

　수컷 소똥구리는 쇠똥을 만들 때 온갖 정성을 다해요. 불순물을 골라내고 자기 오줌으로 윤기를 내기도 하지요. 수컷 소똥구리가 이렇게 똥을 빚는 데 온 정성을 기울이는 이유는 바로 **암컷이 쇠똥 경단을 보고 수컷을 택하기 때문**이에요. 암컷은 자기가 선택한 수컷과 함께 경단을 밀고 집으로 가서 짝짓기를 한 뒤, 쇠똥 속에 알을 낳는답니다. 그러면 알에서 부화한 애벌레는 쇠똥 경단 안에서 쇠똥을 파먹으며 자라지요.

 소똥구리의 탄생

❶ 똥을 굴리는 소똥구리

❷ 쇠똥 속에 알 낳기

❸ 알에서 부화한 애벌레

❹ 성충이 되기 직전의 소똥구리

이집트 사람들은 소똥구리 신을 믿는다고?

고대 이집트 사람들은 소똥구리가 쇠똥을 굴리는 모습이 마치 **태양 신이 태양을 굴리는 것**과 같다고 생각했대요. 그래서 소똥구리에게 평화와 복을 빌기도 하고, 소똥구리 모양의 목걸이를 걸고 다니기도 했답니다.

소똥구리가 사람에게 이로운 이유는 무엇일까요?

01 잘생겨서

02 튼튼해서

03 똥을 치워 주어서

04 벌레를 잡아먹어서

생각 키우기

소똥구리는 동물의 똥을 먹어 치워요. 그래서 동물의 똥이 많아서 고민인 나라에서는 소똥구리를 수입하기도 한답니다. **동물의 똥은 주변을 오염시키고 파리처럼 똥에 알을 낳는 해충들을 만들어** 내거든요. 그러니까 소똥구리는 **자연의 청소부**인 셈이지요.

정답 ❸

GUESS 33

누구일까요?

첫 번째 힌트	★ 평소에는 **꽃꿀**을 먹어요.
두 번째 힌트	★ 단백질이 필요할 땐 **곤충**을 잡아먹어요.
세 번째 힌트	★ 무서운 **사냥꾼**이에요.
네 번째 힌트	★ **독성**이 강해 쏘면 위험해요.
다섯 번째 힌트	★ 가장 크고 힘센 벌이에요.

 **결정적 힌트** "장수 같은 말벌"

Giant hornet

장

ㅈ ㅅ ㅁ ㅂ

- 사는 곳 : 땅속, 나무의 빈 곳
- 분 류 : 절지동물문 곤충강 벌목 말벌과
- 먹 이 : 나무즙, 꿀, 곤충, 애벌레

장수말벌

가장 크고 힘센 벌
장수말벌

장수말벌은 벌 중에서 **가장 크고 무서운 벌**이에요.

크기가 암컷은 3센티미터, 수컷은 4센티미터 정도나 되지요. 평소에는 나무즙이나 꽃꿀을 주로 먹지만, 단백질이 필요할 때가 되면 사냥을 시작해요. **매미, 나방, 꿀벌, 작은 말벌** 등을 잡아먹지요. 또 땅속이나 수풀을 뒤져서 다른 곤충의 애벌레를 잡아먹기도 한답니다.

장수말벌은 워낙 **사나워**서 어떤 곤충이든지 장수말벌이 좋아하는 나무즙을 먼저 먹으려고 했다가는 잡아먹히고 말아요. 튼튼한 갑옷을 입은 장수풍뎅이도 장수말벌이 달려들면 차례를 양보할 정도지요. 게다가 말벌을 잡아먹는 사마귀조차 장수말벌에게는 상대가 되지 않아요.

장수말벌의 무지막지한 턱은 사마귀의 머리도 부숴 버릴 수 있거든요.

장수말벌의 집

누가 감히 우리 집을 넘봐?

땅벌은 둥지를 지을 때 파낸 흙을 멀리 가져다 버려요. 파낸 흔적이 있으면 천적들이 둥지의 위치를 파악하기 쉬우니까 흔적을 없애는 거예요. 하지만 장수말벌은 그런 걱정을 하지 않아요. 게을러서가 아니라 천적이 없어서예요. 다른 벌이나 곤충 중에 감히 장수말벌의 집에 와서 시비를 걸 만한 간 큰 곤충은 없으니까요.

동료를 부르는 페로몬

장수말벌은 사냥하기 좋은 둥지를 발견했는데 혼자 공격하기 벅차면, 슬쩍 페로몬을 묻혀서 표시만 해 놓고 사라진답니다. 그러면 얼마 지나지 않아 페로몬의 향을 맡은 수십 마리의 장수말벌이 몰려와 함께 공격하는 거지요.

형제들 어서 오라고!

벌들의 전쟁

30마리의 장수말벌이 꿀벌 3,000마리와 전쟁을 하면 누가 이길까요? 수적으로는 꿀벌이 유리한 것처럼 보이지만 덩치가 큰 장수말벌이 어른이라면 꿀벌은 어린아이와 같아서 도저히 장수말벌을 이길 수가 없어요. **장수말벌 한 마리가 꿀벌 100마리 정도는 상대**할 수 있거든요. 장수말벌의 공격을 받은 꿀벌들이 아무리 용감하게 싸운다고 하더라도 힘으로는 상대가 되지 않는답니다.

덤벼 보시지!

장수말벌은 왜 다른 벌의 둥지를 공격할까요?

01 성격이 나빠서

02 영역을 지키려고

감히 내 영역에 둥지를 틀다니!

03 잡아먹으려고

04 장난이 심해서

생각 키우기

장수말벌은 나무즙을 무척 좋아하지만 다른 곤충들을 잡아먹기도 하는 육식성 곤충이에요. **다른 벌집을 공격하여 애벌레의 즙을 빨아 먹지요.** 또 자기 새끼들에게 주려고 애벌레들을 잡아가거나 사냥한 벌의 가슴 근육을 동그랗게 만들어 가져가기도 해요. 그러면 장수말벌의 애벌레들은 어미가 가져다 준 단백질을 먹으며 쑥쑥 커 가지요.

정답 ❸

GUESS 34

누구일까요?

첫 번째 힌트	★ 주로 **땅굴**에서 생활해요.
두 번째 힌트	★ **날아다니기도** 해요.
세 번째 힌트	★ **식물 뿌리나 지렁이** 등을 먹어요.
네 번째 힌트	★ **땅속**을 다니기 좋게 생겼어요.
다섯 번째 힌트	★ 앞다리가 납작해서 땅을 잘 파요.

 **결정적 힌트** "'땅개'라고도 불러요."

 Mole cricket

땅

따ㄱㅇㅈ

- 사는 곳 : 초원, 논밭
- 분 류 : 절지동물문 곤충강 메뚜기목 땅강아지과
- 먹 이 : 식물의 뿌리나 씨앗, 곤충, 지렁이

211

땅강아지

땅파기 선수
땅강아지

메뚜기목에 속하는 땅강아지는 **땅속에 집**을 짓고 사는 곤충이랍니다. 세계 각지에 살지 않는 곳이 없지만 주로 **열대나 온대지방**에 많이 살고, 건조한 땅보다는 집을 짓기 좋은 **축축한 땅**에 많이 살지요.

짝짓기를 할 때쯤이면 짝을 부르기 위해 암컷과 수컷 땅강아지가 모두 울기 시작해요. 짝짓기를 하고 나면 땅속에 만들어 놓은 고치 모양의 집에 알을 낳고 뚜껑을 닫아서 보호한답니다.

어른 땅강아지는 몸길이가 약 30~50밀리미터이며, 앞날개는 짧고 뒷날개는 길어요.

땅강아지는 애벌레였을 때나 어른이 되었을 때 모두 **잡식성**이어서, 식물의 뿌리나 씨앗뿐만 아니라 작은 곤충이나 지렁이도 먹는답니다.

● **땅강아지의 구조**

더듬이 : 냄새를 맡거나 어두운 굴속을 찾아가는 데 사용해요.
겹눈 : 잘 보이지 않아요. 강한 빛을 싫어하지요.
입수염 : 맛을 보지요.
앞다리 : 땅을 파기 좋게 강하고 넓적해요.
미모 : 길게 난 2개의 꼬리를 말해요. 땅속에서 진동을 느낄 수 있어요.

땅강아지의 탄생!

 땅강아지는 5월에서 7월 사이에 알을 낳아요. 한 번 알을 낳을 때 200~300개의 알을 낳는데, 일찍 부화하는 것은 그해에 성충이 되어 겨울을 나고, 늦게 부화하는 것은 애벌레로 겨울을 난 뒤에 다음 해에 성충이 되지요.

땅강아지가 미운 농부!

성충이 된 땅강아지는 **땅을 파고** 들어가기도 하고, 짧은 거리는 잘 발달된 뒷날개를 이용하여 날아다니기도 하면서 **식물의 뿌리와 씨앗** 등을 먹어요. 요리조리 돌아다니며 농작물에 해를 입히는 아주 얄미운 곤충이랍니다.

미운 땅강아지를 어떻게 없애지?

땅강아지는 땅속에 사람 손가락 굵기의 통로를 만들고 그 안에 알을 낳아요. 그래서 잘 살펴보면 땅강아지의 **알이 있는 부분은 봉긋**하게 솟아올라 있답니다. 땅강아지를 없애기 위해 이 부분을 삽으로 퍼서 버리거나, 혹은 밤에 잘 돌아다니는 땅강아지가 빠지도록 깡통이나 병을 땅에 파묻어서 함정을 만들기도 하지요.

땅강아지는 헤엄을 쳐도 물에 젖지 않아요.
그 이유는 무엇일까요?

01 털이 많아서

02 기름기가 많아서

03 헤엄을 잘 쳐서

04 몸이 갑옷으로 둘러싸여서

생각 키우기

땅강아지는 재주가 많은 곤충이에요. 하늘을 날 수도 있고, 땅속으로 파고 들어갈 수도 있지요. 게다가 물에서도 헤엄을 잘 친답니다. 그런데 땅강아지는 물에서 헤엄을 쳐도 몸이 물에 젖지 않아요. **몸에 털이 많기 때문이랍니다. 털이 많으면 공기 방울이 많이 맺혀서 물에 잘 젖지 않거든요.**

정답 ❶

GUESS 35

누구일까요?

첫 번째 힌트	★ 몸이 **길쭉**해요.
두 번째 힌트	★ 날개가 몸통보다 **길어**요.
세 번째 힌트	★ **뒷다리**가 아주 길어요.
네 번째 힌트	★ 풀밭의 **멀리뛰기 선수**예요.
다섯 번째 힌트	★ '따닥개비'라고도 불러요.

 **결정적 힌트** "방아 찧는 모습 같아요."

Long-headed grasshopper

방 → ㅂㅇㄲㅂ

- 사는 곳 : 산, 들판, 초원
- 분　류 : 절지동물문 곤충강 메뚜기목 메뚜기과
- 먹　이 : 볏과 식물

방아깨비

방아처럼 위아래로 끄덕끄덕
방아깨비

　방아깨비의 긴 다리를 사람이 손으로 잡고 있으면 마치 곡식의 껍질을 까거나 **떡을 찧는 방아**처럼 몸 윗부분을 계속 위아래로 움직여요. 그래서 방아깨비라는 이름이 붙었어요.

　이건 사실 **달아나려고 다리를 계속 움직여서** 나타나는 행동이에요. 사람이 다리를 꽉 붙들고 있어서 움직여지지가 않으니까, 그에 대한 반사로 몸통 윗부분만 방아를 찧듯 위아래로 움직이는 거랍니다.

　방아깨비는 **벼와 같은 종류의 식물**이 자라는 곳이라면 어디서든 살며 벼를 즐겨 먹어요. 그래서 농사짓는 사람들이 싫어하는 곤충 중 하나지요.

　방아깨비는 번데기 과정을 거치지 않고 애벌레가 허물을 벗으며 성충이 되는 **불완전변태**를 한답니다.

"타카타카"는 울음소리?

수컷 방아깨비가 날아갈 때 가만히 살펴보면 "타카타카" 하는 소리를 들을 수 있어요. 그래서 '따닥개비'라고도 해요. 이것은 우는 소리가 아니라 **날개끼리 서로 부딪쳐서** 나는 소리랍니다.

키다리 방아깨비

방아깨비는 날개도 길고, 뒷다리도 길고, 몸 전체 길이도 아주 길답니다. 그런데 특이하게도 **수컷은 암컷의 절반 정도**밖에 되지 않을 정도로 작아요. 자칫하면 다른 곤충으로 오해할 수도 있을 정도랍니다.

● 누가 누가 잘생겼나? 닮은 꼴 곤충들

방아깨비   메뚜기   사마귀

방아깨비는 어떻게 알을 낳을까?

방아깨비는 다른 곤충에 비해 산란관이 짧고 덜 발달되어 있어서, 몸통을 통째로 **땅속에 넣고** 끝부분에 모여 있는 알을 밀어 넣지요.

알 낳는 방아깨비

방아깨비는 몸 색깔을 바꾸기도 해요.
왜 그럴까요?

01 죽을 때가 되어서

02 천적을 속이려고

03 암컷을 유혹하려고

04 나이가 들어서

생각 키우기

방아깨비는 대부분 녹색과 갈색을 띠고 있어 풀숲에서는 눈에 잘 띄지 않아요. 개중에는 종종 녹색 바탕에 회색이나 갈색 줄무늬가 있는 종류도 있지요. 또 여름에는 녹색이었다가 가을에는 낙엽과 같은 알록달록한 색으로 변하기도 해요. 이렇게 몸의 색깔을 바꾸는 이유는 **주변의 색과 비슷하게 만들어 천적으로부터 자기를 보호하려는 것**이랍니다.

정답 ❷

GUESS 36

누구일까요?

첫 번째 힌트	★ 곤충에 **속하지 않아요**.
두 번째 힌트	★ 머리가슴과 배의 **두 부분으로 나뉘어**요.
세 번째 힌트	★ **다리가 8개**나 있어요.
네 번째 힌트	★ **더듬이가 없어요**.
다섯 번째 힌트	★ **줄을 타고 다녀요**.

결정적 힌트 "거미줄을 만들어요."

Spider

거
↓
ㄱ ㅁ

● 사는 곳 : 수풀 속, 처마 밑, 동굴 속, 물가
● 분　류 : 절지동물문 거미강 거미목
● 먹　이 : 곤충

223

거 미

얼기설기 그물 치기 선수
거미

〈스파이더맨〉이라는 영화나 만화를 본 적이 있나요?

사람이 거미처럼 자유자재로 **거미줄**을 뽑아내며 날아다니면 얼마나 멋질까 하는 상상에서 나온 재미있는 이야기예요. 거미는 우리가 사는 곳 어디에서나 볼 수 있어요.

얼핏 보기에는 곤충처럼 생겼지만, 사실 거미는 **절지동물***에 속할 뿐 **곤충에 속하지 않아**요. 거미강으로 따로 분류합니다.

거미는 주로 밤에는 거미줄을 만들고, 낮에는 그 주변에서 숨어 지내요. 먹이가 거미줄의 **끈끈한 성분**에 걸려들어서 빠져나가지 못하면 얼른 가서 동그랗게 거미줄을 감아 먹이를 사로잡아요. 그런 다음 먹이 안에 독을 집어넣고 녹여서 맛있게 빨아 먹지요.

---

* **절지동물** : 곤충보다 큰 범위의 동물 분류. 절지동물 중에서도 곤충의 조건을 갖춘 벌레들이 곤충에 속함.

거미줄이 싫다고?

거미줄은 지저분해 보이지만, 사실은 우리에게 아주 고마운 존재예요. 파리나 모기와 같은 해충을 잡아 주거든요.

●거미줄 만드는 순서

❶ 바람에 실을 날려 다리실을 만든다.

❷ 역삼각형으로 틀실을 만든다.

❸ 틀실을 기본으로 끈끈이가 없는 세로실을 친다.

❹ 더욱 촘촘히 세로실을 친다.

❺ 끈끈이 없는 가로실(씨줄)을 안에서 밖으로 친다.

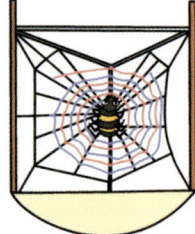

❻ 끈끈이 있는 가로실(날줄)을 밖에서 안으로 친다.

거미줄이 강철보다 강하다고?

거미줄은 무척 얇아서 약할 것만 같지만 실은 정말 강하답니다. 같은 굵기로 비교했을 때, 거미줄은 나일론보다 질기고 **강철보다 강해**요. 또 **물에도 녹지 않지**요. 게다가 인체에도 아무 해가 없어서 미래에는 거미줄을 이용한 많은 물건이 나올 거라고 하네요.

수컷을 잡아먹는 거미도 있다고?

어떤 암컷 거미들은 짝짓기한 다음에 수컷을 잡아먹어요. 그래서 수컷은 짝짓기를 하고 나면 **재빨리 달아나야** 한답니다. 아니면 암컷이 좋아할 만한 맛있는 먹이를 선물로 가져가서 한눈을 팔게 만들 수도 있지요.

거미는 어떻게 다른 벌레들처럼 거미줄에 걸리지 않고 **잘 돌아다니는 걸까요?**

01 발에 기름기가 있어서

02 빨리 다녀서

03 끈끈하지 않은 줄만 밟아서

04 끈끈한 성분이 없어진 후에만 다녀서

생각 키우기

거미는 거미줄을 칠 때 끈끈이가 없는 실과 끈끈이가 있는 실을 모두 쳐요. 먼저 끈끈이가 없는 세로실과 가로실을 친 다음에 끈끈이가 있는 가로실을 치지요. 그러고 나서 **자기는 끈끈이가 없는 줄만 밟고 다니는 거예요.** 다른 벌레들은 이런 사실도 모르고 끈끈한 줄을 건드리기 때문에 잡히고 마는 거지요.

정답 ❸

GUESS 37

누구일까요?

첫 번째 힌트	★ 거미강에 속해요.
두 번째 힌트	★ 공중에 거미줄을 만들지 않아요.
세 번째 힌트	★ 다른 거미들보다 몸집이 커요.
네 번째 힌트	★ 자기보다 덩치 큰 것도 잡아먹어요.
다섯 번째 힌트	★ 독을 가지고 있어요.

 **결정적 힌트** "이탈리아 춤 타란텔라"

Tarantula

타 → 타ㄹ타ㄹ

- 사는 곳 : 땅 구멍
- 분 류 : 절지동물문 거미강 원실젖거미아목 대형열대거미과
- 먹 이 : 곤충, 개구리, 두꺼비, 쥐 등

타란툴라

세계에서 가장 큰 거미류
타란툴라

  무서운 영화를 보면 종종 커다랗고 무시무시하게 생긴 갈색 혹은 검은색의 독거미가 등장하지요. 바로 타란툴라라는 거미예요. 개중에는 분홍색이나 노란색의 타란툴라도 있답니다.

  타란툴라는 보통 거미보다 덩치가 훨씬 큰 데다 독을 가지고 있어요. 뭐든 **공격하고 먹어 치우는 습성** 때문에 무리를 짓지 않고 언제나 혼자서 살아가요.

  타란툴라는 자기보다 덩치도 크고 재빠른 쥐를 잡아먹기도 해요. 짝짓기를 하고 나서 암컷 타란툴라가 수컷을 잡아먹어 버리는 경우도 있대요.

  어떤 종류는 털만 살짝 건드려도 독성이 옮아서 그 부위가 통통 붓기도 한답니다.

  정말 무시무시한 거미지요?

거미가 거미줄을 안 친다고?

타란툴라는 거미 중에서도 땅거미에 속한답니다. 땅거미 종류는 거미줄을 치지 않아요. 거미줄을 만들어 내지 못하는 것은 아니고, 다만 **허공에 거미줄을 치지 않는 것뿐**이지요. 대신 먹이를 발견하면 빠르게 쫓아가서 독으로 몸을 마비시킨 후, 거미줄로 칭칭 감아 놓은 다음 천천히 몸에 있는 영양분을 빨아 먹어요. 타란툴라는 밤에 움직이면서 주로 곤충과 개구리, 두꺼비, 쥐 등을 잡아먹는답니다.

으악! 독거미를 기른다고?

옛날 이탈리아 사람들은 타란툴라에 물리면 미쳐서 노래하고 춤을 추다가 죽는다고 믿었어요. 하지만 이것은 잘못 알려진 사실이랍니다. 타란툴라는 사람에게 해를 끼치지 않아서 **애완용으로 키울 수도** 있거든요. 아프리카와 남아메리카 등에는 사람의 목숨을 위협할 정도로 무시무시한 타란툴라도 몇몇 있긴 하지만, 대부분의 타란툴라는 물리거나 털에 스치면 **염증이 날 뿐**, 죽지는 않는답니다.

타란툴라의 엄청난 크기!

타란툴라의 몸길이는 **평균 15~30센티미터**이지만, 큰 경우에는 35센티미터까지도 간다고 해요.

타란툴라는 왜 자꾸 허물을 벗을까요?

01 모습을 바꾸려고

02 허물 벗는 곤충이 부러워서

03 색깔을 바꾸려고

04 몸집이 자꾸 커져서

생각 키우기

타란툴라 역시 다른 거미와 마찬가지로 곤충강이 아닌 거미강에 속하는 절지동물이에요. 그런데 타란툴라는 마치 곤충처럼 허물을 벗어요. 변태를 하는 것은 아니고 **자꾸만 커지는 몸집 때문에 허물을 벗는 거예요.** 허물을 벗고 커지고, 또 허물을 벗고 더 커지면서 자라는 거지요.

GUESS 38 누구일까요?

첫 번째 힌트	★ **거미강**에 속해요.
두 번째 힌트	★ **네 쌍의 다리**가 있어요.
세 번째 힌트	★ 머리가슴이 **한 몸**이에요.
네 번째 힌트	★ 눈에 안 보일 정도로 **아주 작아요**.
다섯 번째 힌트	★ 식물에 붙어 기생해 살지요.

결정적 힌트 "알레르기를 일으켜요."

Mite

진

ㅈㄷㄱ

- 사는 곳 : 전 세계, 식물이나 동물에 붙어서 기생
- 분   류 : 절지동물문 거미강 진드기목
- 먹   이 : 식물의 즙, 동물의 피

진드기

눈에 보이지 않는 흡혈귀
진드기

거미강에 속하는 진드기는 거미와 마찬가지로 네 쌍의 다리를 가지고 있어 **곤충으로 분류되지 않아**요. 익충인 거미와 달리 **해충**으로 분류되는 벌레이지요. 하지만 사실 진드기 중에는 익충도 있고 해충도 있어요.

진드기는 주로 **식물의 즙**을 빨아 먹고 살아요. 하도 빨아 대는 바람에 식물의 줄기가 말라 죽기도 하고, 시커멓게 변하기도 하지요.

흡혈 진드기는 사람이나 동물의 피부 혹은 털 아랫부분에 달라붙어서 기생해요. 그러면서 배가 불러서 더 먹을 수 없을 때까지 피를 빨아 먹기 때문에 **알레르기**로 인한 가려움증을 일으키기도 하고, 나쁜 전염병을 옮기기도 한답니다. 그런가 하면 치즈나 밀가루, 곡식 등을 먹어 치우기도 하고, 심지어 동물의 세포 조각을 먹고 사는 종류도 있답니다.

보이지 않는 흡혈귀

진드기는 아주 작아서 눈에 잘 보이지 않아요. 보인다고 해도 진드기가 바짝 웅크리면 그저 좁쌀 알갱이인 줄로 착각할 수 있답니다. 대부분의 진드기는 몸집이 0.2~10밀리미터로 매우 작거든요. 하지만 몸집은 작아도 동물이나 사람의 몸에 달라붙어서 피를 빨기 시작하면, 배가 불러서 **더 빨 수 없을 때까지 빨아 대는 아주 무시무시한 흡혈귀**랍니다.

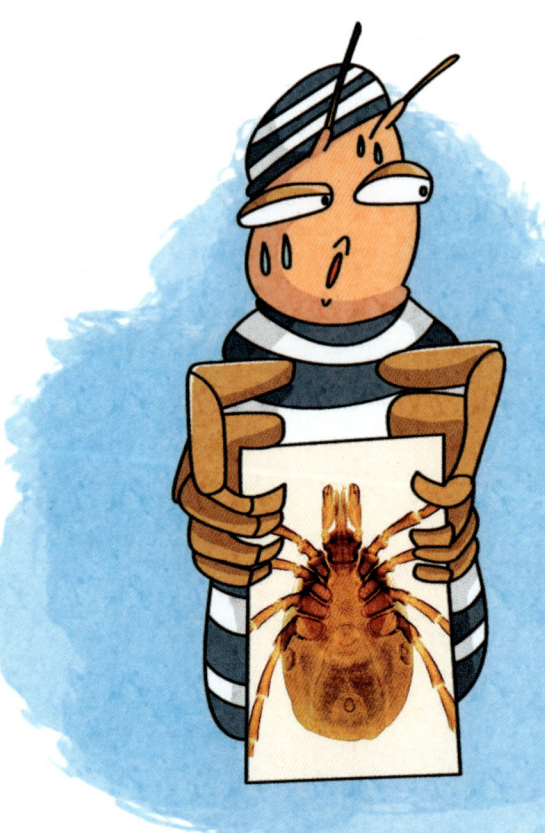

헉! 피뿐만 아니라 살도 먹는다고?

진드기는 종류도 많고, 종류에 따라서 식성도 다양하지요. 동물이나 사람의 아주 작은 피부 조각을 먹기도 하고, 머리에서 떨어진 비듬이나 털을 먹이로 삼기도 한답니다.

● **집먼지진드기 퇴치하기!**

옷이나 인형 등 천으로 된 물건은 냉동실에 하루 정도 넣어 두었다가 꺼내서 턴다.

청소를 할 때 진공청소기나 물걸레를 사용해 먼지가 날리지 않도록 한다.

커버, 이불, 커튼 등 큰 물건은 일주일에 한 번, 55도 이상의 뜨거운 물로 세탁한다.

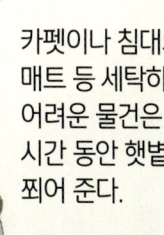

카펫이나 침대의 매트 등 세탁하기 어려운 물건은 몇 시간 동안 햇볕을 쪼여 준다.

진드기 중에는 익충도 있어요.
어떤 종류가 익충일까요?

01 배가 불러서 피를 빨지 않는 진드기

배불러서 못 먹겠군.

02 피부에 사는 진드기

03 땅속에 사는 진드기

04 피를 먹지 않고 새싹의 즙을 먹는 진드기

생각 키우기

진드기는 모두 해충일 것만 같지만 사실 진드기 중에는 해충도 있고 익충도 있지요. 일부 진드기는 농작물이나 사람에게 해를 입히기도 하지만, **땅속에 살면서 쓰레기를 분해하는 청소부 진드기가 훨씬 더 많답니다.**

정답 ❸

GUESS 39

누구일까요?

첫 번째 힌트	★ **노래기강**에 속해요.
두 번째 힌트	★ 몸이 많은 **마디로 나누어져** 있어요.
세 번째 힌트	★ **습하고 그늘진 곳**에 살아요.
네 번째 힌트	★ 위험하면 **몸을 말아요.**
다섯 번째 힌트	★ 고약한 **냄새를 풍겨요.**

결정적 힌트: "다리가 아주 많아요."

Millipede

노 → ㄴㄹㄱ

● 사는 곳 : 습하고 그늘진 곳
● 분　류 : 절지동물문 노래기강
● 먹　이 : 식물이 썩으면서 만들어지는 부스러기 등

241

노래기

셀 수 없이 많은 다리
노래기

　노래기는 마치 지네처럼 생겨서 언뜻 보면 지네로 착각할 수 있어요. 하지만 노래기는 지네와 달리 아주 **오래된 절지동물**이랍니다. 몸 껍질은 **딱딱한 석회질**로 싸여 있고, 사람을 물거나 쏘지는 않지만 **고약한 냄새**를 풍겨서 불쾌감을 주지요.

　노래기는 다리가 무척 많아요. 얼마나 다리가 많으면 "**천 개의 다리를 가졌다.**"라는 말이 있을 정도지요.

　몸은 **수많은 마디**로 이루어져 있는데, 보통 50마디 이상에 한 마디마다 2개의 다리가 달렸지요. 현재까지 발견된 바로는 다리가 300개인 노래기가 가장 다리가 많은 노래기였다고 해요. 벌레지만 수명이 길어서 **보통 7~10년을 살며**, 현재 땅 위에 사는 생물체 중 가장 오래된 것으로 알려져 있어요.

노래기 부적?

옛날에는 대부분의 집들이 초가집이었기 때문에 노래기가 많이 생겼어요. 햇볕을 싫어하고 **습한 곳을 좋아하는 노래기**가 초가지붕의 **짚 안에 알을 까고 번식**을 한 거예요. 그래서 매년 2월 첫째 날이 되면 노래기를 쫓기 위해 **노래기 부적**이라는 것을 만들어 집에 붙이곤 했지요. 노래기 부적은 종이 위에 **향랑각시 속거천리(香娘閣氏 速去千里)**라고 써서 만들어요. '향랑각시'란 향기로운 향을 가진 각시라는 뜻으로 노래기를 뜻하고, '속거천리'란 천 리 밖으로 사라지라는 말이지요. 노래기를 쫓아내기 위한 우리 조상들의 소박한 풍속이었답니다. 노래기 부적을 붙이는 날이 되면, 집 안팎을 깨끗이 청소하는 대청소 시간을 가지기도 했대요.

지구상에서 가장 오래된 육상 생물 화석

 영국에서 화석 하나가 발견됐어요. 연구 결과, 무려 **4억 2,800만 년 전**의 노래기 화석이라는 사실이 밝혀졌지요.

 이 노래기 화석은 약 1센티미터 길이로, 다리의 숨구멍이 명확하게 남아 있을 정도로 생생하게 보존되어 있었다고 해요. 재미있는 사실은 이 화석을 발견한 사람이 과학자가 아닌 평범한 버스 기사였다는 거예요. 화석을 발굴하는 것을 워낙 좋아해 일을 마치면 해변으로 나가 화석을 찾아보곤 했는데, 그러다가 우연히 발견한 화석이 **세계에서 가장 오래된 육상 생물 화석**이었던 거지요.

노래기는 고약한 냄새를 풍기는데
왜 해충이 아닐까요?

01 집 안에는 없으니까

02 썩은 나뭇잎을 먹어서

03 수가 많지 않아서

04 다른 곤충들에 비해 그나마 점잖아서

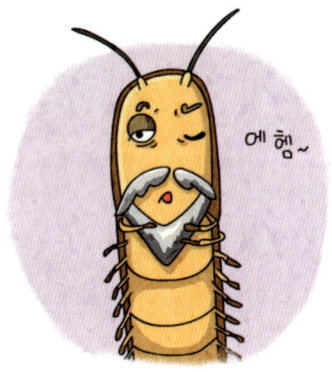

생각 키우기

노래기는 냄새가 고약하고 지네처럼 생기기는 했지만, 사실은 아주 온순하고 그다지 피해를 주지 않는 곤충이랍니다. 게다가 **썩은 낙엽이나 풀잎만을 먹으며 양분을 섭취하기 때문에 오히려 청소부 역할**을 해 주지요.

GUESS 40

누구일까요?

첫 번째 힌트	★ 거미강에 속해요.
두 번째 힌트	★ 두꺼운 껍질로 덮여 있어요.
세 번째 힌트	★ 집게발이 2개 있어요.
네 번째 힌트	★ 별자리 이름에도 있어요.
다섯 번째 힌트	★ 항상 꼬리를 세우고 다녀요.

 **결정적 힌트** "꼬리로 독침을 쏘지요."

Scorpion

전
↓
ㅈㄱ

- 사는 곳 : 전 세계의 사막, 숲속, 도시 등
- 분　류 : 절지동물문 거미강 전갈목
- 먹　이 : 곤충, 동물

전갈

꼬리 끝에 무서운 독침
전갈

　전갈은 다리가 8개인 데다가 날개도 없어서 곤충이 아니에요. 거미강에 속하는 절지동물이랍니다.

　낮에는 돌이나 풀 밑에 있다가 밤이 되면 움직여요. 전갈의 꼬리에는 독침이 있어요. 이 독침에 쏘이면 아무리 몸집이 커다란 동물이라도 곧바로 죽고 말지요. 물론 사람도 예외는 아니에요. 게다가 성질도 아주 사나워서 누가 조금만 건드려도 참지 못하고 달려드니까 작은 몸집에도 다들 겁을 내지요.

　전갈은 주로 메뚜기, 사마귀, 귀뚜라미 등의 곤충을 먹지만, 자기 동료까지도 먹기 때문에 언제나 혼자서 외톨이로 살아간답니다.

　하지만 이런 전갈에게도 천적이 있어요. 고슴도치와 여우, 같은 종족인 전갈 등이지요.

오지 마! 쉿! 쉿!

전갈은 사실 겁쟁이?

전갈은 눈이 나빠서 늘 경계심을 늦추지 않아요. 그래서 아주 신경질적이지요. 누가 옆에 있으면 어김없이 싸우려 든답니다. 심지어 자기들끼리 싸우다가 서로 잡아먹기도 해요. 전갈이 어두운 곳에서 사는 것도 같은 이유랍니다. 그러나 이렇게 사나운 전갈도 짝짓기를 할 때면 서로 끌어안고 멋지게 춤을 추지요.

집게발이 눈 역할을 한다고?

전갈의 두 앞다리는 먹이를 잡을 때 꽉 잡는 역할을 할 뿐만 아니라, 더듬이 역할도 해요. 눈이 잘 보이지 않는 대신 두 집게발로 더듬어 길을 찾는 거지요. 마치 눈이 보이지 않는 사람이 지팡이를 이용하는 것처럼 말이에요.

그리스 로마신화의 전갈

그리스 로마신화에 보면, '오리온'이라는 잘생기고 덩치 좋은 거인이 나와요. 얼마나 덩치가 큰지 바다에 빠져도 바닷물이 어깨를 넘지 않았대요. 그래서 오리온은 늘 거만했고, 그것 때문에 신의 노여움을 사게 되었어요. 신은 세상에서 가장 몸집이 작은 동물에게 오리온을 죽이도록 명령하여 오리온의 거만함을 꺾으려고 하였어요.

결국 오리온은 전갈의 독침에 찔려 죽었고, 그 후 오리온과 전갈 모두 하늘에 올라 별자리가 되었다고 해요. 밤하늘의 별자리를 잘 살펴보면, 마치 오리온이 전갈을 피해 도망치듯 멀쩡히 잘 보이던 오리온자리가 전갈자리만 나타나면 사라지곤 한답니다.

전갈이 꼬리를 세우고 다니는 이유는 무엇일까요?

01 싸울 준비를 하려고

다들 덤비기만 해!

02 힘이 넘쳐서

어디 힘쓸 데 없나?

03 땅이 더러워서

더러워서 내려 놓을 수가 없군!

04 꼬리에 눈이 있어서

높아야 잘 보이지!

생각 키우기

전갈은 눈이 나쁜 데다가 사시*뜨기여서 상대가 천적인지 먹이인지조차 잘 구분할 수 없답니다. 그래서 항상 **경계를 늦추지 않고 언제라도 꼬리로 공격할 준비를 하고 있어요.** 그러다가 적이 나타나면 어김없이 꼬리에 있는 독침을 쏘아 죽인답니다.

* **사시** : 두 눈의 시선이 한 물체를 똑바로 보지 못하는 것.

정답 ❶

곤충백과

- 누가 제일 빨리 나는 선수일까?
- 누가 제일 멀리 뛰는 선수일까?
- 곤충은 왜 어디에서나 살 수 있을까?
- 곤충은 왜 화석이 많이 있을까?
- 한눈에 보는 곤충
- 찾아보기

누가 제일 빨리 나는 선수일까?

곤충 중에서는 등에가 시속 150킬로미터에 가까운 속력으로 날아서 최고 기록을 세웠지만, 특별한 상황에서 나타난 순간적인 속도니까 등에가 최고라고 할 수는 없어요.

보통 곤충의 이동 속도는 바람이 불지 않을 때 일정한 거리를 얼마나 걸려 날았는지를 측정해서 알 수 있지요. 평균적으로 **꽃등에**와 **잠자리** 등이 가장 빨리 난답니다.

나비는 이겼군! 조금 쉬어야겠다. 헉헉

벌 20.8km/h*

나비 19.2km/h

잠자리 40km/h

앗! 공동 우승?

박각시나방 40km/h

꽃등에 40km/h

*km/h : 시간당 이동할 수 있는 거리를 나타내는 기호로, 1km/h는 한 시간에 1킬로미터를 움직인다는 뜻.

누가 제일 멀리 뛰는 선수일까?

몸의 크기와 무게를 고려하여 계산해 보면 **벼룩이 가장 멀리** 뛴다고 할 수 있어요. 무려 30센티미터나 뛸 수 있거든요. 겨우 30센티미터밖에 못 뛰는데 어째서 벼룩이 가장 멀리 뛰느냐고요? 사람의 눈으로 보면 별것 아닌 듯 보이지만, 벼룩의 입장에서는 **자기 키의 200배나 멀리 뛴 거예요**. 사람으로 따지자면 사람이 300미터를 뛴 것과 같답니다.

귀뚜라미 60cm

훗!

메뚜기 75cm

메뚜기 유충 50cm

잎벌레 25cm

벼룩 30cm

곤충은 왜 어디에서나 살 수 있을까?

곤충은 사람이나 다른 커다란 동물들보다 훨씬 **환경에 잘 적응하는 동물**이랍니다. 산이나 바다는 말할 것도 없고, 하늘 높이 날아가는 비행기 속에서도 잘 사는가 하면, 남극의 추위 속에서도 40종에 달하는 곤충들이 살고 있지요. 북극에는 호박벌, 풍뎅이, 나방, 나비 등이 살고 있어요. 또 어떤 곤충은 영하 35도의 저온에도 살고, 어떤 곤충은 50도의 뜨거운 온천물 안에서도 살아갈 수 있지요. 소금파리의 유충은 짜디짠 소금 속에서도 살며, 석유파리는 유전지대*의 원유* 안에서 살아간답니다.

*유전지대 : 석유가 나는 곳.
*원유 : 땅속에서 뽑아낸 자연 그대로의 기름.

곤충은 왜 화석이 많이 있을까?

곤충 화석은 다른 어떤 생명체의 화석보다 많은 데다, **몸통 전체가 온전히 보존된 채로 발견**되기도 해요. 그 이유는 '호박'이라는 보석 때문이에요. 호박은 나무의 상처에서 흘러나오는 송진이 굳어서 생기는 보석인데, 이 보석 속에 곤충이 갇혀서 화석으로 발견되고는 한답니다. 송진이 흘러내릴 때 미처 피하지 못하고 갇힌 것이지요. 마치 미라*처럼 보존 상태가 좋아서 수천 년 전 곤충의 모습도 정확하게 알 수 있어요.

* **미라** : 썩지 않고 건조되어 원래 상태에 가까운 모습으로 남아 있는 인간이나 동물의 시체.

한눈에 보는 곤충

01 모기

02 매미

03 파리

04 하루살이

05 장수풍뎅이

06 대벌레

07 사슴벌레

08 개미

09 딱정벌레

10 노린재

11 귀뚜라미

12 소금쟁이

13 바퀴벌레

14 물자라

15 이

16 집게벌레

17 메뚜기

18 등에

19 하늘소

20 길앞잡이

 완전변태를 하는 곤충
 불완전변태를 하는 곤충
 곤충과 비슷한 절지동물

21 물방개

22 반딧불이

23 나비

24 나방

25 여치

26 무당벌레

27 누에나방

28 사마귀

29 호리병벌

30 잠자리

31 꿀벌

32 소똥구리

33 장수말벌

34 땅강아지

35 방아깨비

36 거미

37 타란툴라

38 진드기

39 노래기

40 전갈

찾아보기

ㄱ
개미 … 55
거미 … 223
귀뚜라미 … 73
길앞잡이 … 127
꿀벌 … 193

ㄴ
나방 … 151
나비 … 145
누에나방 … 169
노래기 … 241
노린재 … 67

ㄷ
대벌레 … 43
등에 … 115
딱정벌레 … 61
땅강아지 … 211

ㅁ
매미 … 19
메뚜기 … 109
모기 … 13
무당벌레 … 163
물방개 … 133
물자라 … 91

ㅂ
바퀴벌레 … 85
반딧불이 … 139
방아깨비 … 217

ㅅ
사마귀 … 175
사슴벌레 … 49
소금쟁이 … 79
소똥구리 … 199

ㅇ ㅈ
여치 … 157
이 … 97
잠자리 … 187
장수말벌 … 205
장수풍뎅이 … 37
전갈 … 247
진드기 … 235
집게벌레 … 103

ㅌ ㅍ ㅎ
타란툴라 … 229
파리 … 25
하늘소 … 121
하루살이 … 31
호리병벌 … 181

책을 함께 만들고 도움 주신 분들

글 **손승휘**
아는 것도 많고 알고 싶은 것도 많은 박학다식한 작가로,
어린이 책을 만들고 어린이들과 함께하는 시간을 가장 좋아합니다.
지금은 소설, 시나리오, 학습 만화, 애니메이션 등 다양한 분야에서
어린이들이 재미있게 볼 수 있는 글을 쓰고 있습니다.
그동안 쓴 책으로 『맥아더와 인천상륙작전』, 『냉동실의 까마귀』,
『라바 학습 만화』 시리즈 등이 있습니다.

그림 **박영원**
통통 튀는 생각을 그림 속에 담아 독자에게 선물할 때
가장 행복하다는 작가입니다. 대학에서 산업디자인을 전공하고,
다수의 일러스트와 만화 컬러 작업을 하였습니다.

감수 **임신재**
서울대학교 산림자원학과를 졸업하고 동 대학원에서
동물행동생태학 전공으로 박사학위를 취득했습니다.
현재 중앙대학교 생명자원공학부 교수이며, 세계자연보전연맹
(IUCN), 종보전위원회(SSC)의 위원(Grouse Specialist)입니다.

사진 제공
조우창(http://blog.naver.com/grayMystiqe)
정덕연(http://blog.naver.com/hiran0524)
송재성(http://blog.daum.net/garamin)
Getty Images Bank